신앙의 기본이 말씀과 기도라는 사실은 모두가 잘 알고 있습니다. 하지만 청소년 사역의 현장에서 그 기본기를 가르치고 실행하는 일은 참 어렵습니다. 이 책은 청소년 사역자와 교사의 고민을 시원하게 풀어 주는 매력이 있습니다. 주님이 가르쳐 주신 기도의 가장 단단한 기초와 성경적 원리를 아이들의 언어로 잘 설명해 주고 있습니다. 쉽습니다. 그러나 가볍지 않습니다. 대상은 청소년이지만 어른들에게도 유익합니다. 기도에 대해 알려 줄 뿐만 아니라 기도하게 하는 책이 되리라 확신합니다. '믿고 읽는 저자'라는 말이 있습니다. 이재욱 목사님이 그런 저자라고 확신하기에 기쁨으로 추천합니다.

윤은성 목사 어깨동무대안학교 교장, 『세상을 바꾼 한국사 역사인물 10인의 만남』 저자

오늘날 청소년 신앙 교육의 큰 문제 중 하나는 아이들이 제대로 기도할 줄 모르는 것이라고 말하고 싶습니다. 수련회나 집회에 가 보면 제대로 기도 소리를 내는 학생들이 많지 않아 보입니다. 왜일까요? 기도하는 법을 제대로 배우지 못한 것은 아닐까요? 이재욱 목사님의 『기도가 하고 싶어지는 책』은 우리 학생들에게 기도하는 법을 쉽고도 정확히 가르쳐 줍니다. 우리가 이미 잘 알고 있는 주기도문을 학생들의 눈높이와 언어로 쉽게 해석해 놓았습니다. 우리 다음 세대가 기도의 세대로 서기를 바라는 마음으로 이 책을 추천합니다.

이정현 목사 군산드림교회 교육디렉터, 『교사 베이직』 저자

책과 농구를 좋아하고 딸을 위해 아이돌 가수의 공연 티켓을 끊기도 하는 저자는 청소년을 사랑하는 섬세하고 따뜻한 사람입니다. 사소한 일상의 대화와 가끔 올라오는 SNS의 글에서도 그의 깊은 통찰력을 만날 수 있습니다. 그러한 저자이기에 이 책 역시 쉽게 쓰인 문장 뒤에 깊이와 섬세함이 묻어납니다. 쉽지만 깊은 이 책을 기꺼운 마음으로 청소년은 물론 기도에 대해 고민하는 모든 이들에게 추천합니다.

배무성 목사 청소년선교단체 위미션 대표, 유스코스타 강사

기도가 하고 싶어지는 책

기도가 하고 싶어지는 책

이재욱

청소년을 위한 기도 안내서

좋은씨앗

차례

기도는 기본적으로 하나님과의 대화입니다. 때문에 믿음이 생기면 자연스럽게 익히게 됩니다. 아이가 자연스럽게 말을 익혀 가듯 말이지요.

그러나 또한 기도는 배워야 합니다. 우리는 모두 한국말을 잘합니다. 일상적인 소통에 아무런 지장이 없습니다. 그런데 학교에서 가장 많은 시간을 할애하여 가르치는 과목이 '국어'입니다. 왜일까요? 말이라고 다 같은 말이 아니기 때문입니다.

어린아이는 나면서부터 자연스레 소통하는 법을 배웁니다. 처음에는 우는 소리로 말합니다. 배고프면 "응애" 합니다. 기저귀를 갈아 달라고 "응애" 합니다. 다 똑같은 소리 같은데 엄마는 알아듣습니다. "응애"는 가장 원시적인 '말'입니다.

어린아이는 "응애" 정도만 해도 괜찮습니다. 그런데 중고등학생이 배고프다고 "응애!" 하면 안 됩니다. 어린아이가 밥 달라고 울면 엄마는 "에구 에구, 우리 아기 배고파요?" 하겠지만, 중고등학생이 밥 달라고 울면 엄마는 등짝 스매싱을 꽂습니다. 사람은 자라 갈수록 말이 어른스러워져야 합니다. 말의 내용과 형식을 갖추어 가야 합니다.

마찬가지입니다. 기도는 하나님과의 대화입니다. 신앙이 자라 갈수록 하나님과 대화하는 수준도 자라 가야 합니다. 그냥 막 말하는 것은 어린아이의 일입니다.

어떻게 하면 하나님과 대화를 잘할 수 있을까요? 기도를 잘할 수 있을까요? 어떻게 하면 다른 사람과 대화를 잘할 수 있는가를 생각해 보면 됩니다.

첫째, 대화하는 상대방을 잘 알수록 대화는 풍성해집니다.

잘 모르는 사이에는 대화가 참 어렵습니다. 서로를 잘 알수록 대화는 풍성해집니다. 죽이 잘 맞는 오랜 친구와 대화를 나누면 얼마나 즐겁습니까? 몇 시간을 떠들고도 헤어질 때 "집에 가서 전화해" 하지 않나요?

중고등학생이 밥 달라고 "응애~" 하면
엄마는 등짝 스매싱을 꽂습니다.

마찬가지로 우리가 하나님을 잘 알면 알수록 기도는 온전해집니다. '하나님은 어떤 분이실까?' '하나님은 어떤 성격이실까?' '하나님의 마음은 어떠실까?' 궁금해하며 하나님을 더욱 알아 가는 것이 더 풍성한 기도를 하게 되는 비결입니다.

둘째, 대화 주제에 대한 지식이 풍성할수록 대화는 풍성해집니다.

저는 농구를 좋아합니다. 요 몇 개월 전부터 아들이 농구에 푹 빠져 있습니다. 전에는 아들하고 농구 얘기를 별로 할 수 없었습니다. 아들이 농구에 대해 전혀 몰랐기 때문입니다. 그런데 이제는 대화가 됩니다. 오히려 아들이 농구에 대해 더 많이 알아서 놀라기도 합니다. 서로 신나서 얘기할 때가 많습니다.

하나님께 기도할 때 우리는 어떤 주제를 가지고 나아갑니다. 예를 들어 대학 진학 문제를 놓고 기도한다고 합시다. 어린아이의 기도는 그냥 "하나님, 대학에 합격하게 해주세요" 정도입니다. 그러나 '대학 합격'이라는 주제에 대한 이해가 깊어지면 기도가 달라집니다.

'나는 왜 대학에 가야 할까?' '하나님은 진학 과정을 통해 내게 무슨 일을 이루시려는 걸까?' '하나님은 어떤 기준으로 한 사람의 진로를 결정하실까?' 이러한 부분에 대한 지식이 풍성해지면 기도는 더욱 깊어집니다.

대화하는 상대방과 대화 주제에 대해 잘 알려면 어떻게 해야 할까요? 배워야 합니다. 상대방에 대해, 주제에 대해 배우고 익혀야 합니다.

우리가 국어를 배우는 이유도 같습니다. 정확한 문법과 단어 사용법을 왜 배울까요? 왜 다양한 문학 장르를 이해해야 할까요? 올바르게 소통하기 위해서입니다. 정확한 문법 사용으로 효과적이고 오해 없이 상대방의 표현을 이해할 수 있습니다. 여러 문학 장르를 이해하고 익힘으로 다양한 생각과 삶의 주제들을 배울 수 있습니다. 사람과 삶에 대한 이해를 넓힐 때 우리는 더 잘 소통하게 됩니다.

기도도 배워야 늡니다. 배울수록 하나님과의 대화가 풍성해지고 올바르게 소통할 수 있습니다.

그래서 예수님은 제자들에게 기도를 가르쳐 주셨습니다. 우리가 잘 아는 주기도문입니다. 주기도문은 기도의 전부를 설명하지 않습니다. 가장 중요한 원리를 가르쳐 줍니다. 때문에 기도를 배우려면 당연히 주기도문부터 시작해야 합니다. 이 책은 주기도문을 중심으로 무슨 기도를 어떻게 하는지 정리하고 있습니다.

예수님이 가르쳐 주신 기도는 우리와 하나님이 어떤 관계인가를 밝히며 시작됩니다. 하나님이 무엇을 기뻐하시고, 우리와 무엇을 함께하기 원하시는지가 담겨 있습니다. 우리가 무엇을 하기 원하시는지, 또 우리를 위해 무엇을 하고 싶어 하시는지 하나님의 마음을 보여 줍니다. 그렇게 우리는 우리와 대화하시는 하나님을 알게 되고 기도하게 됩니다. 그럴수록 더욱 기도가 하고 싶어집니다.

0. 예수님이 가르쳐 주신 기도

이렇게 기도할 때 하나님이 응답하신다!

주기도문인가, 주문인가

주기도문은 예수님이 직접 제자들에게 가르쳐 주신 기도입니다. '주기도문'에서 가운데 두 글자를 빼면 '주문'이 됩니다. 많은 사람들이 주기도문을 주문 외우듯이 외웁니다. 한 번도 뜻을 생각해 보지 않고 말입니다.

고등학교 2학년 때, 하나님 앞에서 처음으로 진지하게 기도를 시작했습니다. 하나님이 기뻐하시는 기도, 참으로 온전한 기도를 드리고 싶었지만 방법을 알지 못했습니다. 몇 날이 지나 하나님이 지혜를 주셔서 주기도문이 생각났습니다.

'아 맞다. 주기도문이 있었지! 주기도문의 뜻을 생각하며 외워 보자!'

주기도문은 예수님이 "이렇게 기도하라"며 가르쳐 주신 기도문입니다. 떠올려 보니 한 번도 주기도문의 뜻을 생각하며 외워 본 적이 없었습니다. 한 구절씩 내용을 생각하며 기도하기 시작합니다.

"하늘에 계신."

처음부터 이상합니다. 하나님이 하늘에만 계신 것이 아니지 않나요? 여기저기 다 계시고 내 안에도 계신다고 들었는데요. 어쨌든 하늘에도 계시니까 일단 넘어갑니다.

'하나님, 하늘에 계시죠?'

이 사실이 진심 어린 고백처럼 느껴질 때까지 되뇌여 봅니다. '하나님이 하늘에 계십니다. 하나님이 하늘에 계십니다.' 진심으로 느껴졌을 때, 다음으로 넘어갑니다.

"우리 아버지여."

여기서 탁 걸립니다. 마침 아버지와 사이가 좋지 않았습니다. 아버지에게 회초리로 많이 맞을 때라 '아버지'라는 말에 회초리가 딱 떠오릅니다. 급하게 고개를 젓습니다. '아니, 좋은 아버지, 옛날에 선물 사 주고 자전거 태워 주시던 아버지.'

빨리 다음으로 넘어갑니다.

"이름이 거룩히 여김을 받으시오며."

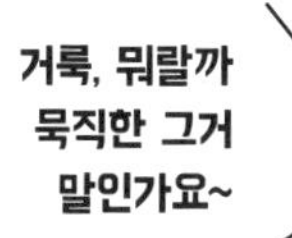

하나님의 이름? 그거야 제가 모태 신앙이어서 잘 압니다. '여호와' 아닌가요? 그런데 '거룩히'에서 딱 걸립니다. 그러니까 뭔가 '거어~룩'한 거, 묵직한 거 말이지요? 느낌은 알겠는데 뜻을 정확히 모르겠습니다. 어쨌든 몇 번 마음속으로 '거룩히'를 외치고 넘어갑니다.

"나라가 임하시오며."

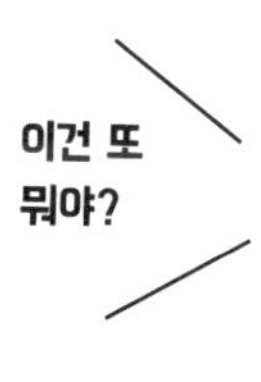

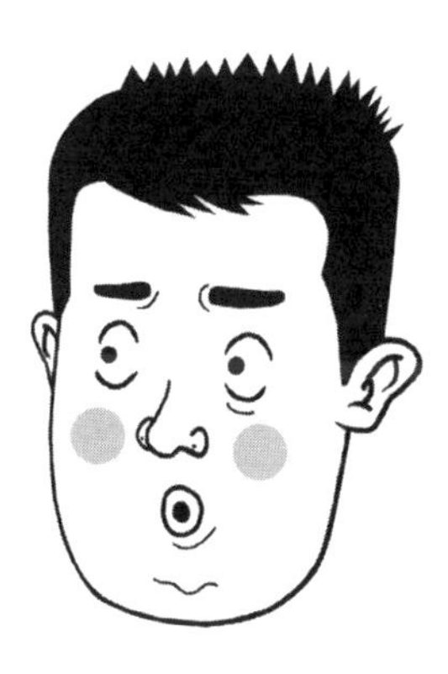

'나라가 임해? 하나님 나라는 죽어서 가는 곳 아니었나?' 이것도 뜻을 모르겠습니다. 어쨌든 뭔가 임하는 느낌적인 느낌으로 넘어갑니다.

이렇게 찬찬히 주기도문을 외우다 보니 두 가지 놀라운 사실을 알게 되었습니다.

첫째, 주기도문을 천천히 외우면 알던 것도 까먹는다. 그렇습니다. 주기도문은 주문 외우듯이 후루룩 외워야 잘 외워지지 천천히 외우면 중간에 생각이 안 납니다.

둘째, 주기도문의 진짜 뜻을 하나도 모른다. 대충 이런 느낌이겠거니 생각하지만, 정작 정확한 뜻을 설명하기는 힘듭니다. 주기도문은 친숙하고 늘 외우는 것이지만, 실상은 우리가 가장 모르고 있는 것이기도 합니다.

하지만 이렇게 멋모르고 시작한 주기도문 기도가 제게 얼마나 큰 축복이었는지 모릅니다. 예수님은 이렇게 말씀하셨지요.

> 오늘 있다가 내일 아궁이에 던져지는 들풀도
> 하나님이 이렇게 입히시거든
> 하물며 너희일까보냐 믿음이 작은 자들아
> 그러므로 염려하여 이르기를
> 무엇을 먹을까 무엇을 마실까 무엇을 입을까 하지 말라
> 이는 다 이방인들이 구하는 것이라
> 너희 하늘 아버지께서 이 모든 것이
> 너희에게 있어야 할 줄을 아시느니라
> 그런즉 너희는 먼저 그의 나라와 그의 의를 구하라
> 그리하면 이 모든 것을 너희에게 더하시리라
> 그러므로 내일 일을 위하여 염려하지 말라
> 내일 일은 내일이 염려할 것이요
> 한날의 괴로움은 그날로 족하니라(마태복음 6:30-34).

저는 주기도문을 통해 단순히 소원을 비는 기도가 아니라, "먼저 그의 나라와 그의 의"를 구하는 기도를 배웠습니다. 놀

랍게도 "이 모든 것을 너희에게 더하시리라"는 것을 경험했습니다. 갈수록 내일 일을 염려하지 않게 되었습니다.

주기도문으로 기도를 배울 때, 여러분도 같은 축복을 누리리라고 확신합니다.

1. 하늘에 계신 우리 아버지여

하나님을 아버지라 부를 때 기도는 응답받는다

아버지는 좋은 것으로 주신다

"하늘에 계신 우리 아버지여!"

기도는 아버지를 부르는 것입니다. 얼마나 다행인가요? 하늘에 계신 우리 '아저씨'였으면 어쩔 뻔했습니까? 아저씨는 우리에게 별 관심이 없습니다. 반면에 아버지는 목숨도 내어 줄 수 있습니다. 너무나 다행히도, 너무나 감사하게도 하늘에 계신 분은 우리 '아버지'입니다.

아버지는 자녀가 부를 때 귀를 기울입니다. 무슨 말을 하기도 전에 자녀에게 뭐가 필요한지를 생각합니다.

어느 날 아이가 울먹이며 다가옵니다. "아빠!" 하고 부릅니다. 그럼 아빠는 대뜸 "누가 그랬어! 우리 딸(아들)" 합니다. 무슨 일인지도 모르면서 아빠는 말합니다. "누가 그랬어! 아빠가 혼내 줄 거야!"

어느 날 아이가 활짝 웃으며 "아빠!" 하고 부릅니다. 아빠는 벌써부터 기분이 좋아집니다. "우리 딸", "우리 아들" 하면서 머리를 쓰다듬습니다. 아무 말 안 해도 '이 녀석이 시험을 잘 봤나? 선생님께 칭찬을 들었나?' 하고 생각합니다.

저는 잠이 들면 누가 업어 가도 모르는 사람입니다. 그런 저를 깨우는 목소리가 하나 있습니다. 바로 제 아이들 목소리입니다.

한밤중에 아이가 큰 소리로 저를 부릅니다.

"아빠, 아빠, 아빠."

저는 자다 말고 화들짝 일어나 달려갑니다.

아이는 "아빠, 아빠" 하고 몇 번 부르더니 도로 누워 잡니다. 잠꼬대입니다. 저는 아이의 머리를 한번 쓰다듬고 이불을 덮어 주고 갑니다.

아빠는 아이가 부르기만 해도 화들짝 달려갑니다. 아빠를 부르는 아이의 소리가 아빠에게는 세상에서 가장 큰 소리입니다. 아빠는 아이가 위험에 빠졌거나 도움이 필요하다면 뭐든지 할 각오가 되어 있습니다. 그런 마음으로 달려갑니다.

사람이라도 자기 자녀에게 그렇게 할 줄 압니다. 하물며 모든 것을 아시는 하나님은 그분의 자녀에게 어떻게 하실까요? 그렇기 때문에 우리는 기도할 수 있습니다. 그렇기 때문에 우리의 기도는 응답받습니다.

"아닌데요. 안 들어주시던데요."

기도 응답을 받지 못했다며 서운해하는 소리를 가끔 듣습니다.

"아빠라면서요. 아빠인데 왜 기도를 안 들어주세요?"

한 가지 생각해 봐야 합니다. 아빠이기 때문에 들어줄 수 없는 일이 있습니다. 아이를 키워 보면 압니다. 절대로 아이가 달라는 대로 다 주면 안 됩니다. 아이는 가끔 위험한 것을 달라고 합니다. 자기에게 해가 되는 줄도 모르고 달라고 합니다. 위험하거나 해가 되지 않더라도 달라는 대로 다 줄 수는 없습니다. 달라는 대로 다 주는 것만큼 자식을 망치는 일이 없습니다.

아빠는 최선을 다해 생각합니다. '어떻게 하는 것이 아이에

아빠는 아이가 부르기만 해도
화들짝 달려갑니다.
아빠를 부르는 아이의 소리가
아빠에게는 세상에서 가장 큰 소리입니다.

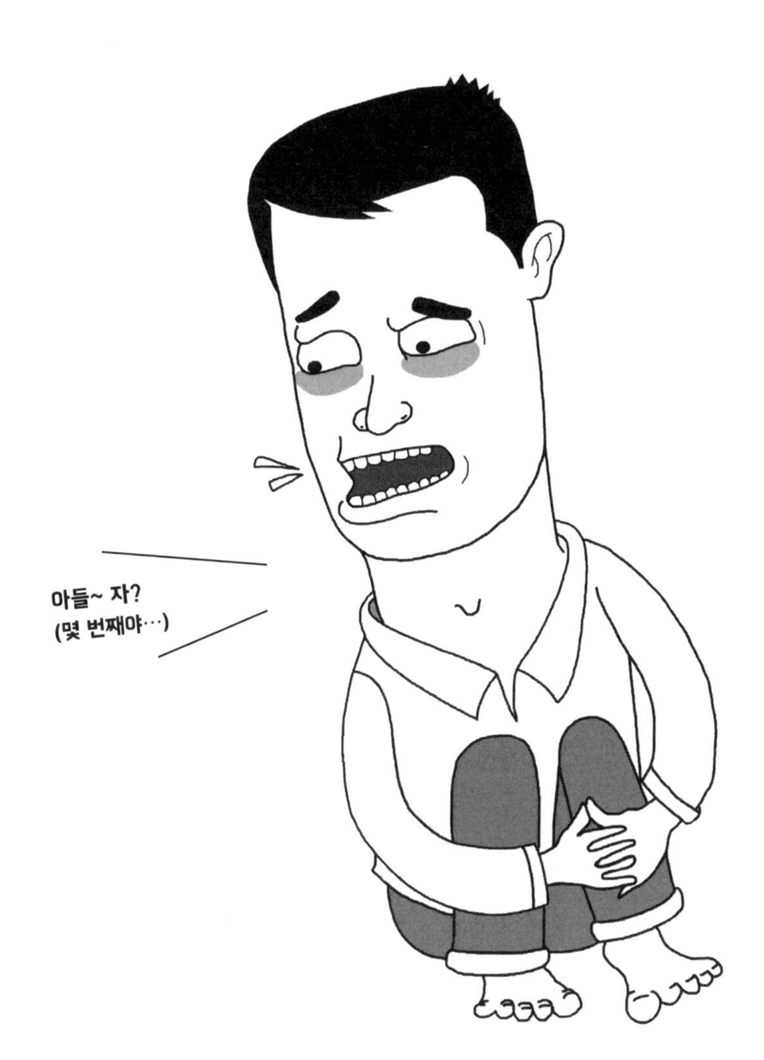
아들~ 자?
(몇 번째야…)

게 제일 좋을까?' 최선을 다해 고민하고, 제일 좋은 선택을 하려고 합니다.

말씀을 보세요. 예수님이 우리에게 하나님께 구하라고 말씀하십니다.

구하라
그리하면 너희에게 주실 것이요
찾으라
그리하면 찾아낼 것이요
문을 두드리라
그리하면 너희에게 열릴 것이니
구하는 이마다 받을 것이요
찾는 이는 찾아낼 것이요
두드리는 이에게는 열릴 것이니라(마태복음 7:7-8).

이렇게 구하면 하나님이 어떻게 하실까요?

너희가 악한 자라도 좋은 것으로 자식에게 줄 줄 알거든
하물며 하늘에 계신 너희 아버지께서 구하는 자에게

좋은 것으로 주시지 않겠느냐(마태복음 7:11).

그렇습니다. 하늘에 계신 우리 아버지가 구하는 자에게 주십니다. 뭘 주시나요? 잘 보세요. "좋은 것"으로 주십니다. 구하는 것을 주시는 것이 아닙니다. "좋은 것"으로 주십니다.

배고픈 아이가 멋모르고 돌덩이를 깨물어 먹겠다며 달란다고 해서 돌덩이를 내줄 아버지는 세상에 없습니다. 대신에 빵을 줍니다. 멋모르고 뱀을 먹겠다고 하면 아버지는 생선을 줍니다.

내가 구하는 것이 정말 내게 좋은 것인지 우리는 잘 모릅니다. 지금 생각으로는 너무 좋은 것 같은데, 나중에 보면 아주 안 좋은 것으로 밝혀지는 게 있습니다. 지금은 별로 좋은 것 같지 않아도, 나중에 크게 도움이 되는 게 있습니다. 하나님은 모든 것을 아십니다. 하나님은 기도하는 자녀에게 좋은 것으로 주십니다.

하나님이 안 들어주시는 기도가 있다면, 그것은 진짜 안 들어주신 게 아니라 "안 돼" 혹은 "기다려"라고 말씀하시는 것입니다. 그래서 기도 응답에는 세 가지가 있다고 하지요.

- "그래. 들어줄게."
- "안 돼. 들어줄 수 없어."
- "기다려. 아직은 아니야. 나중에 들어줄게."

하나님이 주시면 감사하게 받으면 됩니다. 하나님이 "안 돼"라고 말씀하시는 것을 깨달았다면 포기하면 됩니다. 하나님이 "기다려"라고 말씀하시면 계속 기도하며 하나님의 때를 기다리면 됩니다.

우리가 기도를 드리는 대상이 나무나 돌, 행운자판기가 아니라 나를 사랑하시는 아버지라는 사실을 기억해야 합니다. 그래야 하나님이 내게 주시는 응답이 제일 좋은 것임을 알고 고개를 끄덕일 수 있습니다.

아버지를 부르는 것만으로도

기도를 들으시는 분이 우리 아버지이므로 우리가 목놓아 아버지를 부르는 것만으로도 기도가 됩니다.

기도할 때 무슨 말을 할지 모르겠다는 사람이 있습니다.

제가 처음 제대로 기도하려고 했을 때 그랬습니다. 마음은 간절한데 막상 기도를 하려니 할 말이 별로 없습니다. 오래 기도하고 싶은데 오래 하기가 잘 안 됩니다.

한번은 기도회 시간에 다른 사람들은 무슨 기도를 하는지 가만히 들어보았습니다. 어떤 어른들이 이렇게 기도를 하더군요.

"아버지… 주여… 아버지…."

한 시간 동안 하는 기도 내용이 어이가 없습니다. 내용이라곤 "아버지, 주여" 이게 끝입니다. 이렇게 한 시간 내내 부르기만 하다가 끝이 납니다. 그때는 기도를 잘 모를 때라 이것이 얼마나 귀한 기도인지 잘 몰랐습니다. 그래서 '도대체 이게 무슨 기도지? 이렇게 하는 게 기도면 열 시간이라도 하겠다'라고 생각했습니다.

어느 날 아이가 "아빠!" 하고 울먹이며 달려옵니다. 그리고 아빠 품에 안겨서 펑펑 웁니다. 아빠는 그저 말없이 아이를 안아 줍니다. 한참을 울던 아이가 울음을 그칩니다. 아빠가 묻습니다. "왜 무슨 일 있었어?" 아이는 소매로 눈물을 쓱 닦으며 말합니다. "아냐, 아빠. 이제 됐어." 그러고 나서 씩씩하게 달려갑니다.

아빠 품에 안겨 한참 운 것만으로도 문제가 해결됩니다. 용기가 생기고 힘이 납니다. 나에게 의지할 아빠가 있다, 나를 사랑하는 아빠가 있다는 게 이런 것입니다.

저는 뭘 기도해야 할지 모르겠다는 아이들에게 예수님이 가르쳐 주신 기도의 첫걸음을 가르쳐 줍니다.

"뭘 기도해야 할지 모르겠으면 '하나님 아빠, 아버지'라고 불러 봐."

어느 집회가 끝난 후 한 아이가 이렇게 간증하는 것을 들었습니다.

"다들 열심히 기도하는데 저는 뭘 기도해야 할지 몰라서 그냥 가만히 있었어요. 그때 목사님이 어떻게 기도할지 모르겠으면 '하나님 아빠, 아버지'라고 불러 보라고 말씀하신 게 기억났어요. 그래서 그냥 '하나님 아빠, 아버지'라고 불렀는데, 갑자기 눈물이 쏟아지는 거예요. 왜 우는지도 모르겠는데 막 눈물이 나더라고요."

간혹 아이는 자신이 어떤 상황에 처해 있는지 모를 때가 있습니다. 설명할 수도, 말할 수도 없습니다. 우리도 이와 같은 때가 있습니다. 하나님 앞에서 무엇을 말해야 할지, 무엇을 요청해야 할지조차 모를 때 말입니다.

뭘 기도해야 할지 모르겠으면,
그냥 "하나님 아빠, 아버지"라고 불러 봐.

그럴 때 하나님 아버지를 부르는 것만으로 충분합니다. 아이가 무슨 말을 할지 몰라도 전능하신 하늘 아버지는 다 알고 계십니다. 그래서 안아 주시고, 쓰다듬어 주시고, 위로해 주시고, 안심시켜 주십니다.

우리가 마땅히 기도할 바를 알지 못할 때에도 성령 하나님이 친히 우리를 위해 기도하신다고 성경은 말합니다.

> 이와 같이 성령도 우리의 연약함을 도우시나니
> 우리는 마땅히 기도할 바를 알지 못하나
> 오직 성령이 말할 수 없는 탄식으로
> 우리를 위하여 친히 간구하시느니라(로마서 8:26).

우리가 하나님 아버지를 부를 때 기도는 이미 응답받고 있습니다. 진정한 기도는 간절한 마음으로 하나님을 부르는 것에서 시작됩니다. 하나님을 찾는 것입니다. 하나님을 간절히 부르는 것입니다.

"아버지, 저는 연약합니다. 참으로 당신이 필요합니다!"

그렇게 진실한 마음으로 하나님 앞에 서는 것입니다. 부를 때 이미 응답받습니다. 하나님이 하늘에 계신 우리 아저씨가 아니라, 아버지라는 사실이 얼마나 다행인지 모르겠습니다.

아버지는 하늘에 계신다

"하늘에 계신 우리 아버지여."

하나님이 하늘에 계신다는 말은 궁금증을 불러일으킵니다.

첫째, 하나님은 하늘뿐 아니라 어디든 계신다는 것을 우리는 알고 있습니다. 그런데 왜 꼭 하늘에 계신다고 말해야 할까요?

둘째, 하나님은 하늘 어디에 계실까요? 대기권은 분명히 아니고, 태양계도 아닙니다. 그럼 은하계 어딘가일까요? 아니면 그 너머 어딘가일까요?

"하늘에 계신"이라는 말은 물리적인 의미에서 우리가 쳐다보는 '하늘'을 말하는 것이 아닙니다.

성경에는 '하늘'과 '땅'이라는 구도가 많이 등장합니다. 땅은 우리 인간이 살아가는 세상입니다. 그러니까 지구, 태양계, 우주가 모두 땅입니다.

하나님은 땅에 갇혀 계신 분이 아닙니다. 어떤 땅도 하나님을 다 담을 수 없습니다. 땅은 하나님이 만드신 공간입니다. 하나님은 모든 땅에 계실 뿐 아니라 땅 밖에도 계십니다.

하나님은 모든 것을 초월해 계십니다. 그것을 "하늘에 계신"이라고 표현합니다.

모든 사람에게는 땅의 아버지가 있습니다. 아버지가 누구인지 모르는 사람은 있을 수 있어도, 아버지가 없는 사람은 없습니다. 마찬가지로 모든 사람에게는 하늘의 아버지가 있습니다. 많은 사람들이 그 아버지를 모르고 살아갑니다. 그러나 하늘 아버지는 모든 사람에게 생명을 주신 분입니다.

모든 것을 지으시고, 이 세상을 초월해 계신 분이 아버지라는 것은 놀라운 일입니다. 아버지가 아무리 좋은 마음을 가지고 있어도 마음먹은 대로 할 수 없다면 무슨 소용이 있을까요?

하늘의 아버지는 모든 것을 지으시고, 이 세상을 초월해 계신 분입니다. 그분에게는 불가능이 없습니다. 우리를 위해 안 하시는 일은 있어도, 못 하시는 일은 없습니다. 땅의 아버지는 때로 잘못을 저지릅니다. 실수도 합니다. 그러나 하늘의 아버지는 잘못하거나 실수하지 않으십니다.

그래서 우리는 참 감사하고 든든합니다. 하늘에 우리 아버지가 계시니 말입니다. 온 세상보다 크신 분이 우리 아버지입니다.

제가 좋아하는 찬양 중에 강명식 님이 부른 '하나님 아버지'라는 곡이 있습니다.

하나님 제겐 참 두려운 게 많습니다.
잘 모르는 것도 너무 많습니다.

부끄러운 일은 헤아릴 수도 없고
지치고 힘든 때에도 그때도
의연한 척해야 할 때도 있습니다.

그래도 하나님 아버지
하나님을 아버지라 부를 수 있어서
난 참 좋습니다.

오 나의 하나님 아버지
하나님을 아버지라 부를 수 있어서
난 참 다행입니다.

오 나의 하나님 아버지

하나님을 아버지라 부를 수 있어서

난 참 좋습니다.

그렇습니다. 하늘에 계신 하나님이 우리 아버지여서 참 다행입니다.

2. 이름이 거룩히 여김을 받으시오며

하나님을 높일 때 기도는 응답받는다

하나님의 이름

어느 가게 간판 아래에 이런 현수막이 큼직하게 걸려 있었습니다.

"부모님이 주신 ○○○이라는 이름 석 자 걸고 정직하게 장사하겠습니다."

꽤 괜찮은 홍보 방법이라고 생각합니다. 이름을 건다니 뭔가 더 신뢰가 갑니다. 이름을 건다는 것은 내 체면과 명예를 건다는 뜻이기 때문입니다. 내 명예뿐만 아니라, 그 이름을 주신 부모님의 명예까지 걸려 있습니다. 그래서 우리는 "내 이름을 건다"는 말을 무겁게 생각합니다.

마찬가지입니다. 우리가 하나님의 이름을 거룩히 여긴다고 할 때, 그 이름은 단순한 이름이 아닙니다. 하나님의 이름이란 곧 하나님의 인격, 하나님의 명예를 말합니다. 사람의 이름도 무겁게 생각하는데 하나님의 이름은 말할 것도 없습니다.

하나님은 중요한 약속을 하실 때 자기 이름을 거십니다. 하나님의 명예를 거시는 것입니다. 우리야 자주 실수하고 명예가 땅에 떨어질 때도 있지만, 하나님의 명예는 땅에 떨어질 수 없습니다. 하나님이 자기 이름을 거셨다는 것은 무슨 일이 있어도 그 일을 이루시고야 만다는 뜻입니다.

시편 23편 3절에 이런 말씀이 나옵니다.

> 내 영혼을 소생시키시고
> 자기 이름을 위하여
> 의의 길로 인도하시는도다.

하나님은 우리를 의로운 길로 인도하십니다. 왜 그렇게 하시는가 하면, 자기 이름을 위해 그렇게 하신다고 합니다.

우리가 "하나님, 제 이름을 걸고 하나님을 따르겠습니다. 저를 인도해 주세요!"라고 기도했다고 합시다. 그러면 얼마 가지 않아 우리는 하나님께 버림받고 말 것입니다.

우리는 자기 이름을 망치는 일을 얼마나 자주 하는지 모릅니다. 스스로에게 실망할 때는 또 얼마나 많습니까? 우리는 죄를 짓습니다. 우리는 실수를 합니다. 우리는 스스로 자기 이름을 망칩니다. 하나님이 우리의 이름을 따라 우리를 인도하신다고 하면 우리는 가망이 없습니다. 하나님은 인도하기를 포기하실 것입니다. 우리를 인도할 가치가 없다고 여기실 것입니다.

놀랍게도 하나님은 우리 이름을 위해 우리를 인도하지 않으십니다. 하나님 자신의 이름을 위해 우리를 인도하십니다. 하나님은 자기 백성들에게 이렇게 선포하십니다.

"내가 내 이름을 걸고 너를 인도하리라!"

하나님은 결코 자신의 이름이, 자신의 명예가 실추되는 일을 하지 않으십니다. 스스로를 실망시키지 않으십니다. 하나님은 완전하게 행하십니다. 하나님이 자신의 이름을 걸고 우리를 인도하신다면, 우리는 결코 버림받지 않습니다.

우리는 죄를 짓습니다. 실수를 합니다.
스스로 자기 이름을 망칩니다.
하나님이 우리의 이름을 따라 우리를
인도하신다고 하면 우리는 가망이 없습니다.

그래서 우리는 하나님의 이름을 귀하게 여깁니다. '거룩하다'는 말은 한글 사전에서 보면 "성스럽고 위대하다"는 뜻입니다. 원래 성경이 쓰였던 헬라어 단어의 뜻으로 보자면 '구별되다'라는 뜻입니다.

하나님은 가장 성스럽고 위대하시며, 인간이나 다른 어떤 피조물과도 완전히 구별되시는 분입니다. "이름이 거룩히 여김을 받으시오며"는 이처럼 하나님의 이름을 높이는 고백입니다.

의 핵존심을 걸고… 최

끙~

왜일케
후달리냐

하나님의 이름을 귀하게 여기는 사람

하나님은 하나님의 이름에 소망을 두는 사람을 기뻐하십니다. "나는 비록 연약하지만, 나는 비록 어리석지만 하나님의 이름에 소망이 있습니다"라고 고백하는 사람입니다.

우리가 하나님을 진심으로 높이기를 원할 때, 하나님의 아름다움을 찬양할 때, 하나님을 전심으로 즐거워할 때 기도는 응답받습니다.

1924년 제8회 파리올림픽 육상 400미터 경기에서 금메달을 딴 에릭 리델이라는 사람이 있습니다. 이 사람의 실화를 바탕으로 〈불의 전차〉라는 유명한 영화가 나오기도 했지요.

원래 에릭 리델의 주 종목은 육상 100미터였습니다. 에릭은 강력한 우승 후보였습니다. 그러나 경기 일정이 발표되었을 때 에릭은 중대한 결정을 합니다.

100미터 예선 경기일이 주일이었기 때문입니다. 에릭은 주일에 뛰기를 원하지 않았습니다. 주일에는 예배와 경건 생활에 집중하며 하루 전체를 온전히 하나님께 드리기를 원했습니다. 선교사의 자녀로 태어나 하나님을 깊이 사랑하는 에릭의 원칙이었습니다.

"저는 주일에는 안 뜁니다."

100미터 경기 출전을 포기한 에릭을 사람들은 거세게 비난합니다.

"편협하고 옹졸한 신앙인."

"율법을 소매에 달고 다니며 신앙심 깊은 척하는 위선자."

"조국의 명예를 버린 위선자."

이 모든 비난을 뒤로하고 예선전 당일인 주일, 에릭은 경기에 나가지 않고 평소처럼 온전히 예배를 드립니다.

100미터 경기에는 에릭 대신 그의 동료 헤롤드가 출전합니다. 헤롤드는 에릭의 기록에는 조금 미치지 못했습니다. 그러나 놀랍게도 금메달을 획득합니다. 에릭은 진심으로 헤롤드를 축하해 줍니다.

에릭은 주 종목이 아닌 200미터 경기에 출전하여 예상 외로 동메달을 획득합니다. 에릭의 올림픽은 이것으로 끝나는 듯했습니다. 400미터 경기가 남았지만, 누구도 에릭이 400미터에서 메달을 따리라고 생각지 않았습니다. 에릭 자신도 마찬가지였고요. 400미터에는 쟁쟁한 선수들이 즐비했기 때문입니다.

시합 당일, 긴장을 추스르며 경기를 준비하는 에릭에게 한

스태프가 다가와 쪽지를 쥐어 줍니다. 그 쪽지에는 이렇게 쓰여 있었습니다.

"구약에 이런 글이 있습니다. '나를 존중히 여기는 자를 내가 존중히 여기리라.' 최선의 영광이 있기를 기원합니다."

사무엘상 말씀이었습니다.

> 나를 존중히 여기는 자를 내가 존중히 여기고
> 나를 멸시하는 자를 내가 경멸하리라(사무엘상 2:30).

경주가 시작됩니다. 에릭은 초반부터 엄청난 속도로 달려나갑니다. 사람들은 에릭이 계속 저런 속도로 달리다가는 곧 쓰러지고 말 것이라고 생각했습니다. 놀랍게도 에릭은 선두를 놓치지 않고 계속 달립니다. 결과는 우승이었습니다. 47.6초라는 세계 신기록으로 말입니다. 감격적인 우승 후 인터뷰에서 그는 이렇게 말합니다.

"처음 200미터는 제 힘으로 최선을 다했고, 다음 200미터는 주님의 도우심으로 빨리 달릴 수 있었습니다."

이후 에릭 리델은 중국 선교사로 자원합니다. 하나님을 지극히 사랑하는 그는 금메달의 영광을 뒤로하고 고난의 길을 택합니다. 중국에서 열심히 복음을 전하던 에릭은 2차 세계 대전 말미에 일본군 치하의 웨이시엔 수용소에 갇힙니다. 그곳에서도 끝까지 복음을 전하다가 전쟁이 끝나기 직전에 세상을 떠납니다. 끝까지 순교의 삶을 산 신앙인의 모습이었습니다.

여러분, 이 이야기를 들으며 다음 두 가지 오해는 하지 마시기 바랍니다.

첫째, 그리스도인은 주일에 예배 외에 어떤 일이든 거부해야 한다는 오해입니다.

에릭 리델이 조국을 사랑하는 마음으로 주일 경기에 출전했다 해도 하나님은 그를 책망하지 않으셨을 것입니다. 사도 바울은 이렇게 말합니다.

> 어떤 사람은 이날을 저날보다 낫게 여기고
> 어떤 사람은 모든 날을 같게 여기나니
> 각각 자기 마음으로 확정할지니라.
> 날을 중히 여기는 자도 주를 위하여 중히 여기고
> 먹는 자도 주를 위하여 먹으니

중요한 것은 주일에 경기를 할 수 있느냐 없느냐가 아닙니다. '나에게 무엇이 최선인가' 하는 질문에 정직한 것이 중요합니다.

이는 하나님께 감사함이요
먹지 않는 자도 주를 위하여 먹지 아니하며
하나님께 감사하느니라(로마서 14:5-6).

무슨 말일까요? 어떤 날을 지키느냐 지키지 않느냐보다 하나님을 높이고자 하는 마음이 중심에 있느냐가 중요하다는 말입니다. 주일에 일을 했다고 해서 무조건 잘못이라고 할 수는 없습니다. 주일에도 생명을 살리기 위해 구조대원은 일할 수 있습니다.

중요한 것은 주일에 경기를 할 수 있느냐 없느냐가 아닙니다. 할 수도 있고, 하지 않을 수도 있습니다. '나에게 무엇이 최

난 그냥
하나님께 드릴
최선이 뭔지
고민했을 뿐이라규.
컥, 누가 물 좀…

선인가'라는 질문에 정직한 것이 중요합니다. 에릭은 자신이 하나님께 드릴 수 있는 최선이 무엇인지 고민했을 것입니다. 그는 최선을 다해 하나님의 영광을 선택하고자 했습니다. 그것이 그에게는 국가대표의 영광, 금메달의 영광을 포기하고 예배드리는 일이었습니다. 다행히 그에게는 출전권을 양보해 주는 동료도 있었습니다. 무슨 법을 지켰다 안 지켰다가 아니라, 이러한 진심이 중요합니다.

둘째, 에릭 리델이 하나님을 높였더니 하나님이 그를 성공시켜 주셨다는 오해입니다.

누군가가 에릭 리델의 이야기를 듣고 '아, 나도 하나님을 높이면 금메달을 딸 수 있겠구나. 성공하겠구나'라고 생각한다면, 이 이야기의 교훈을 정반대로 이해한 것입니다.

내가 성공하기 위해 하나님을 높이는 것이야말로 하나님을 낮추는 일이기 때문입니다. 하나님은 나의 성공을 이루는 도구가 아닙니다.

에릭 리델이 '주일을 지키면 하나님이 놀라운 방법으로 나를 성공시켜 주시겠지?'라고 생각하며 주일을 지켰을까요? 오히려 그는 세상의 성공을 뒤로하고 선교사로 살다가 순교하지 않았습니까?

하나님이 나를 존중히 여기신다는 것은, 나를 귀하게 여기시고 나와 동행하신다는 말입니다. 하나님은 내 삶을 통해 영광받으시기 위해 그분의 방법대로 나를 사용하실 것입니다. 그것은 꼭 세상에서 높아지는 일이 아닐 수 있습니다.

하나님은 하나님을 높이고 싶어 하는 에릭의 마음을 받으시고, 그를 아무도 예상치 못했던 금메달의 영광 가운데 두셨습니다. 뿐만 아니라 복음을 전하다가 죽는 순교자의 영광에도 이르게 하셨습니다.

에릭이 하나님을 높이기 원했을 때, 하나님은 그분의 방법대로 정확하게 응답하셨습니다. 우리가 기도하면서 간절히 하나님을 높이기를 원할 때, 하나님이 우리에게 그분을 높이는 삶을 살 수 있도록 응답하십니다.

우리가 하나님을 존귀히 여길 때, 하나님이 우리를 존귀히 여기십니다.

3. 나라가 임하시오며

하나님의 다스리심을 구할 때 기도는 응답받는다

하나님 나라는 이미 여기 있다?

성경을 잘 몰랐을 때 저는 천국이, 죽어서 영혼이 가는 곳이라고만 생각했습니다. 그러니 주기도문의 "나라가 임하시오며"는 도통 이해되지 않는 말이었습니다. 어릴 때는 그게 이상하다는 생각조차 못 하고 주기도문을 외웠습니다. 그냥 주문 외우듯이 외웠으니 이상한 일도 아니었습니다.

이 말의 뜻을 그래도 어느 정도 이해하게 된 것은 대학교 3학년 무렵이었습니다. 어찌 보면 참 쉽지 않은 개념이지만 최대한 쉽게 설명하려고 힘써 보겠습니다.

나라, 즉 국가의 3요소가 있습니다. 국민, 주권, 영토입니다. 하나님 나라도 다르지 않습니다. 하나님 나라에는 하나님의 백성, 즉 국민이 있습니다. 민주주의 국가의 주권은 국민에게 있지만, 하나님 나라의 주권은 하나님께 있습니다. 또한 하나님의 백성이 하나님의 다스리심을 받고 살아가는 곳은 하나님 나라의 영토가 됩니다. 그곳이 하늘이든 땅이든 상관없이 말입니다.

그러니까 하나님 나라는 하늘나라만을 말하는 것이 아닙니다. 하나님의 백성이 하나님의 뜻대로 이 땅을 살아가면, 그 삶의 자리에 하나님 나라가 임하는 것입니다. 그래서 예수님은 이렇게 말씀하셨습니다.

> 바리새인들이 하나님의 나라가
> 어느 때에 임하나이까 묻거늘
> 예수께서 대답하여 이르시되
> 하나님의 나라는 볼 수 있게 임하는 것이 아니요
> 또 여기 있다 저기 있다고도 못하리니
> 하나님의 나라는 너희 안에 있느니라(누가복음 17:20-21).

하나님 나라는 죽어서만 가는 나라가 아니라는 말입니다. 하나님의 백성이 하나님의 뜻대로 살면 바로 그 자리가 하나님 나라가 된다는 말입니다.

하나님 나라는 특징이 있습니다. 처음에는 아주 작게 임하지만 나중에는 점점 커진다는 것입니다. 예수님은 이렇게 말씀하셨습니다.

> 또 비유를 들어 이르시되 천국은 마치
> 사람이 자기 밭에 갖다 심은 겨자씨 한 알 같으니
> 이는 모든 씨보다 작은 것이로되
> 자란 후에는 풀보다 커서 나무가 되매
> 공중의 새들이 와서
> 그 가지에 깃들이느니라(마태복음 13:31-32).

어떤 사람이 사과 씨를 심었습니다. 얼마 후 조그마한 싹이 났지요. 누군가가 묻습니다. "저 조그마한 싹은 뭔가요?"

"아, 그건 사과나무입니다."

아무도 이렇게 되묻지 않을 것입니다. "저렇게 작은 것이 사과나무라고요? 믿을 수가 없네요."

누구나 압니다. 아무리 큰 나무도 처음에는 씨였고, 그 다음에는 작은 싹에 불과했다는 걸 말입니다. 아무리 작은 싹이라 할지라도 사과나무는 사과나무인 것이지요.

하나님 나라도 그렇습니다. 이미 시작되었고 점점 자라 갑니다.

하나님 나라는 무럭무럭 자란다

하나님 나라는 어떻게 자라 갈까요?

첫째, 내 안에 하나님을 향한 사랑이, 믿음이 점점 커져 갈 때 하나님 나라가 자라 갑니다.

남녀가 사랑을 합니다. 첫눈에 반하여 바로 불타는 사랑으로 직진하는 사람도 있지만, 보통은 그렇지 않습니다. 요즘 '썸탄다'는 말을 하지요. 아직 사귀지는 않는데 그렇다고 그냥 지인이나 친구라고만은 할 수 없는, 알 듯 모를 듯한 관계가 시작됩니다. 힘들 때 그냥 생각이 납니다. 문득문득 떠오를 때 가슴이 설레면 '이게 뭐지' 하는 생각도 듭니다.

그러다가 어느 순간부터 '오늘부터 1일'이 됩니다. 사귀기 시작하면서 점점 사랑이 커집니다. 어디에 가든지 그 사람 얼굴이 떠오릅니다. 둘이 사랑에 푹 빠지면 어떻게 되나요? 뭘 먹어도 '같이 먹으면 좋을 텐데', 어딜 가도 '함께 왔으면 좋았을 걸' 합니다.

시간이 흐르면서 "너는 내 심장이야"라는 이상한 소리도 하기 시작합니다. 내가 사는 이유는 그 사람 때문이고, 그 사람을 위해서라면 뭐든지 할 수 있을 것 같습니다. 인생의 모든 목적이 온통 그 사람으로 도배되어 이제는 그 사람이 없는 삶은 생각할 수조차 없습니다.

우리의 믿음도 그렇습니다.
우리가 하나님을 믿고 사랑하는 것은
처음부터 온전한 것은 아닙니다.
점점 자라 가는 믿음이고 사랑입니다.

우리의 믿음도 그렇습니다. 우리가 하나님을 믿고 사랑하는 것은 처음부터 온전한 것은 아닙니다. 점점 자라 가는 믿음이고 사랑입니다.

처음에는 신앙생활이 그저 주일에 교회 가는 것, 어렵고 힘들 때 기도하는 것 정도에서 시작할 수 있습니다. 그러나 신앙이 깊어지면 어디서 무엇을 하든지 조금씩 하나님을 떠올리게 됩니다. 하나님 앞에서 살아가게 되는 것입니다. 교회뿐 아니라 가정에서, 학교에서, 직장에서 하나님을 의식하며 살게 되면서 신앙생활이 곧 내 모든 생활이라는 것을 알게 됩니다.

처음에는 죄인 줄 몰랐던 것들도 말씀을 알아 가면서 점점 분별하게 됩니다. 그래서 점점 더 많은 것들에 순종할 수 있게 됩니다.

하나님을 향한 마음이 더욱 깊어지고, 하나님을 더욱 사랑하게 되면서 내 삶 전체가 하나님의 뜻대로 움직이기를 갈망하고, 그렇게 한 걸음씩 나아가게 됩니다. 이것을 두고 내 안에 하나님 나라가 확장되어 간다고 말합니다.

그러므로 "나라가 임하시오며"라는 말은 "하나님, 하나님의 백성이 되기를 원합니다. 저를 다스려 주세요. 더욱 하나님의 뜻을 따라 살게 해주세요!"라는 의미입니다. 더욱 하나님의 뜻을 따라 살 때 내 안에 놀라운 하나님의 일들이 일어납니다.

둘째, 하나님의 백성이 점점 많아질 때 하나님 나라가 자라 갑니다.

어느 나라 또는 민족에 복음이 전해지면, 처음부터 많은 사람들이 믿지는 않습니다. 처음에는 아주 적은 수가 예수님을 영접하고 하나님의 백성이 됩니다. 그 적은 수의 백성들이 힘을 다해 하나님의 복음을 전하기 시작합니다. 백성들의 수가 점점 늘어나면서 하나님 나라는 자라 갑니다.

성경 사도행전을 보면, 교회는 처음에 12명의 사도를 포함해 성령을 구하며 간절히 기도했던 120명의 성도로 시작되었습니다. 말하자면 백성이 120명 정도 되는 작은 하나님 나라가 시작된 것입니다. 그들을 통해 예루살렘에 복음이 전해졌습니다. 수만 명이 예수님을 믿게 되었고 교회는 점점 커졌습니다.

예수님을 믿는 하나님의 백성이 늘어나자 예수님을 죽인 유대인 지도자들이 위기감을 느끼고, 조직적으로 교회를 핍박하기 시작합니다. 성도들은 핍박을 피해 뿔뿔이 흩어집니다. 그래서 교회가 망했을까요? 천만의 말씀입니다.

오히려 흩어진 성도들이 가는 곳마다 복음을 전하면서 더 많은 교회가 세워집니다. 이제는 이스라엘 밖의 다른 나라에도 교회가 세워지기 시작합니다. 그렇게 이스라엘 근처로, 지금의 터키 지역으로, 유럽의 관문인 그리스를 지나, 당시 유럽의 심장이었던 로마에 이르기까지 복음이 전해졌습니다. 수많은 이방인들이 예수님을 믿고 하나님의 백성이 되기 시작합니다.

하나님의 백성이 있는 곳이 하나님 나라라고 했지요? 이와 같이 하나님 나라는 하나님의 백성들과 함께 커져 갑니다.

하나님 나라가 완성되는 꿈

하나님의 뜻대로 살려고 하는 하나님의 백성들이 일어날 때, 하나님이 다스리시는 하나님 나라는 점점 더 커져 갑니다. 하나님 나라는 결코 줄어드는 법이 없습니다. 물론 이 땅에서는 핍박이나 유혹 때문에 교회가 잠시 사라지거나, 줄어드는 것처럼 보일 수 있습니다.

그러나 기억할 것이 있습니다. 구원받은 하나님의 백성은 죽는다고 해서 사라지는 게 아니라는 사실입니다. 하늘에 있는 하나님 나라로 이사를 가는 것일 뿐입니다. 없어지는 것이 아니기 때문에 하나님의 백성은 그 수가 점점 쌓여 갑니다. 그래서 하늘에 있는 하나님 나라, 이 땅에 있는 하나님 나라를 합하면 하나님 나라는 계속 커져 갑니다. 줄어들 수 없습니다.

이 땅에서 예수님을 믿어 하나님 나라를 누리며 살다가, 죽으면 하늘 하나님 나라의 백성이 됩니다. 그렇게 하늘과 땅에 있는 하나님의 백성들이 점점 늘어나다가 그 수가 가득 찰 때가 옵니다. 구원받을 만한 이들이 다 구원을 받은 때입니다. 예수님은 이렇게 말씀하셨습니다.

> 이 천국 복음이
> 모든 민족에게 증언되기 위하여
> 온 세상에 전파되리니
> 그제야 끝이 오리라(마태복음 24:14).

이때가 되면 어떻게 될까요? 하늘에 있는 하나님 나라의 백성들이 예수님과 함께 이 땅으로 내려옵니다. 이것을 예수님이 다시 오시는 '재림'이라고 합니다.

우리가 예수께서 죽으셨다가
다시 살아나심을 믿을진대
이와 같이 예수 안에서 자는 자들도
하나님이 그와 함께 데리고 오시리라
(데살로니가전서 4:14).

그러면 이 땅의 하나님 나라 백성들과 하늘의 하나님 나라 백성들이 만나게 되겠지요? 죽은 사람들은 영혼만 있는데 어떻게 만나느냐고요? 예수님이 죽었다가 다시 살아났을 때 어떻게 되셨나요? 영혼만 천국에 가셨나요? 아닙니다. 육체로 부활하여 그 몸을 가지고 하늘에 오르셨습니다. 마찬가지로 그때가 되면 하늘에 있는 하나님의 백성들은 부활한 몸을 가지게 됩니다. 그날의 광경을 성경은 다음과 같이 묘사하고 있습니다.

주께서 호령과 천사장의 소리와
하나님의 나팔 소리로

친히 하늘로부터 강림하시리니

그리스도 안에서 죽은 자들이 먼저 일어나고

그 후에 우리 살아남은 자들도

그들과 함께 구름 속으로 끌어올려

공중에서 주를 영접하게 하시리니

그리하여 우리가 항상 주와 함께 있으리라

(데살로니가전서 4:16-17).

예수님이 오시면 하늘의 하나님 나라에 있던 이들이 새로운 몸으로 부활하고, 그때에 이 땅에서 살아 있는 이들도 새로운 몸을 입고 예수님이 승천하실 때 공중으로 올라가신 것처럼 공중에서 예수님을 만나게 된다고 성경은 말하고 있습니다.

몸이 어떻게 공중으로 떠오르느냐고요? 예수님이 다시 오실 때에는 하늘과 땅이 만나 완전히 새로운 세계가 이루어집니다. 우리 몸도 죄와 죽음, 질병에서 벗어나 완전히 새롭게 되고요.

예수님이 부활하신 후에 문이 닫혀 있는 방에 들어오기도 하시고, 갑자기 나타났다가 사라지기도 하시지요. 또 공중으로 승천하십니다. 무슨 말일까요? 시간과 공간의 제약을 받지 않는 신비로운 몸이 되신 것입니다.

더 많은 궁금증이 생길 수도 있지만 이쯤에서 덮어 두는 것도 좋을 듯합니다. 그때의 비밀을 우리가 세세하게 다 알 수는 없습니다. 모든 궁금증은 그때에 해결하기로 하고, 오늘은 꼭 기억해야 할 부분만 다시 요약해 보겠습니다.

하나님의 백성이 하나님의 뜻대로 살아갈 때 복음이 전해지고, 하나님의 백성이 늘어갈 때 하나님 나라는 점점 넓어집니다. 하나님이 정해 놓으신 만큼 완전히 넓어지면 마지막 때가 오지요. 그때에는 먼저 죽은 이들이 머무는 하늘의 하나님 나라와 이 땅의 하나님 나라가 만나서 완전한 하나님 나라가 됩니다.

그러므로 우리가 "나라가 임하시오며"라고 기도할 때에는, 이런 기도를 하고 있는 것입니다.

첫째, "저의 삶 구석구석에 하나님의 다스리심이 이루어져 제가 온전히 하나님의 뜻대로 살게 해주세요."

둘째, "저를 통해, 하나님의 백성을 통해 복음이 전파되어 이 땅에 하나님 나라가 더욱 커져 가게 해주세요."

셋째, "이 모든 일을 통해 빨리 마지막 때가 이르러 예수님이 다시 오시고, 하나님 나라가 완성되게 해주세요."

이처럼 하나님의 백성이 하나님이 다스리시는 하나님 나라를 위해 기도할 때, 하나님은 그 기도를 들으십니다. "하나님 나라가 제 삶에, 세상에 임하게 해주세요"라고 기도할 때, 하나님은 그 기도를 들으십니다.

직업도 하나님 나라를 위하여

하나님 나라에는 어떤 음악이 울려 퍼질까요?

"날씬한 허리, 매끈한 다리, 널 가지고 싶어."

이런 종류의 음악은 분명 아닐 것입니다.

음악은 원래 하나님의 아름다움을 노래하기 위해 창조되었습니다. 하나님의 아름다움을 노래한다는 것은 단순히 찬송가 가사만을 말하지 않습니다.

하나님이 창조하신 자연의 아름다움을 노래하는 것도 하나님의 아름다움을 찬양하는 것이 될 수 있습니다. 인간과 인간 사이의 아름다운 사랑을 노래하는 것도 인간과 관계를 창조하신 하나님의 아름다움을 노래하는 것이 될 수 있습니다.

그런데 사람들은 음란하거나 적절치 못한 감정, 심지어는 폭력이나 증오를 노래하기도 합니다. 그럴 때 아마도 음악은 괴로워할 것입니다. '내가 이러려고 창조된 것이 아닌데' 하면서 말입니다.

괴로워하는 음악을 원래 창조된 목적대로 사용해 줄 수 있는 사람이 누구일까요? 바로 하나님의 백성입니다.

하나님의 백성은 이 땅의 모든 문화를 하나님 나라의 원리대로 가꾸기 위해 노력해야 합니다. 이것이 하나님이 그분의 백성들에게 원하시는 뜻입니다.

그래서 직업은 하나님 나라를 확장하는 중요한 통로입니다. 세상의 모든 영역이 하나님의 백성을 통해 회복되는 것입니다. 단순히 직장에서 선하게 살아간다거나 열심히 전도하는 것과는 또 다른 책임입니다.

법조계에서 일하는 사람은 법이 하나님의 공의로움을 잘 드러내는 데 사용되도록 힘써야 합니다. 교육계에서 일하는 사람은 교육이 하나님의 지혜로움을 잘 드러내도록 노력해야 합니다. 의료계에서 일한다면 하나님의 긍휼과 자비가 치료를 통해 드러나도록 노력해야 합니다.

많은 사람들이 돈을 벌기 위해 직업을 갖습니다. 물론 소득도 직업을 갖는 중요한 목적 중 하나입니다. 그러나 하나님의 사람들은 단순히 거기에 머무르지 않습니다.

돈을 벌기 위한 것, 내가 좋아하는 일을 하는 것 이상의 의미가 직업에 있습니다. 일이 하나님의 뜻대로 회복되도록 하는 것입니다. 음악을 음악답게, 의술을 의술답게, 음식을 음식답게 하나님이 창조하신 본래의 바른 목적대로 사용하는 것입니다.

"나라가 임하시오며"라고 기도할 때, 우리는 세상의 문화가 하나님의 백성을 통해 하나님 나라의 원리대로 회복되기를 기도하는 것입니다.

세상을 위해 기도하라

1806년 미국 뉴잉글랜드 지역의 윌리엄스대학에 다니던 다섯 명의 학생들이 평소 자주 가던 계곡에 모였습니다. 그들은 그곳에 모여서 이야기를 나누고 놀기도 하며 기도했습니다.

그들은 원래 작은 숲 나무 아래서 기도를 하려 했는데, 갑자기 쏟아지는 소나기를 피해 근처에 있는 건초더미 아래로 들어갔습니다. 그곳에서 그들은 세계 선교에 관한 대화를 나눕니다. 이내 그들은 세계 선교를 마음에 품고 기도하기 시작합니다. 그리고 세계 선교를 향한 하나님의 부르심을 확신하게 됩니다.

이것이 이른바 '건초더미 기도회'라는 세계 선교 역사에 길이 남는 사건입니다. 이 기도회를 통해 헌신한 다섯 학생들의 활동으로 미국해외선교위원회가 탄생했습니다. 그것은 선교사를 해외로 보낸 첫 기관이었습니다.

이후에 많은 대학생들이 선교사로 헌신했고, 이는 결국 미국 선교 역사상 가장 위대한 학생 선교동원 운동으로 이어집니다. 학생자원자운동(SVM)입니다. 이 운동을 통해 10만 명 이상이 선교에 헌신하고 20,500명의 선교사가 해외로 파송되었습니다.

우리 땅에 복음을 전해 준 언더우드와 아펜젤러, 1907년 평양대부흥운동의 원동력이 된 토마스 하디 역시 이 선교 운동을 통해 조선에 온 선교사였습니다.

미국 한 지방의 대학생 다섯 명이 건초더미 아래서 세계 선교를 위해 기도했습니다. 온 세상에 복음이 전해지기를 간구했습니다. 그들의 기도를 통해 한 나라가 움직였고 세상이 움직였습니다.

하나님의 백성은 이 땅에 하나님 나라가 완성되기를 기다리는 사람입니다. 하나님 나라는 온 세상이 회복되고 하나님의 다스리심이 온전히 이루어지는 나라입니다. 만왕의 왕 예수님이 다시 오셔서 의로움으로 다스리시는 나라입니다.

그러므로 우리는 세상의 회복을 위해 늘 기도해야 합니다. 나의 기도는 나 자신만을 위한 기도가 되어서는 안 됩니다. 나의 가족만을 위한 기도가 되어서도 안 됩니다. 온 세상을 위한 기도가 되어야 합니다.

우리 땅에 복음을 전해 준 언더우드와 아펜젤러,
1907년 평양대부흥운동의 원동력이 된
토마스 하디 역시 건초더미 기도회에서 시작된
선교 운동을 통해 조선에 온 선교사였습니다.

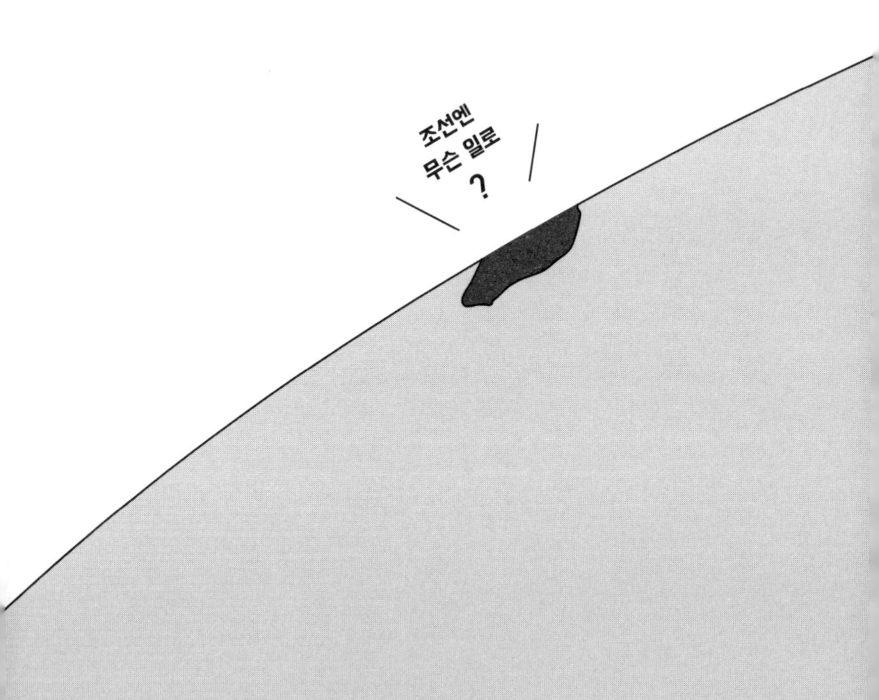

좀 멀지만…

하나님의 뜻에 순종할 때 기도는 응답받는다

내가 기준이 아니라, 하나님이 기준이다

이런 얘기가 전해집니다. 미국의 남북전쟁 당시 대통령인 링컨에게 한 부관이 묻습니다.

"각하, 이번 전쟁에 하나님께서 우리 편이 되어 주실까요?"

링컨이 대답합니다.

"이보게, 하나님께서 우리 편이 되어 주실까 물을 게 아니라, 우리가 하나님 편에 서 있는가를 물어야지."

지어낸 얘기인지, 실제로 링컨 대통령이 그렇게 말했는지는 확실하지 않습니다. 그러나 그의 말은 참 옳습니다.

우리의 기도가 그렇습니다. 우리의 기도는 하나님께 나를 도와 달라, 내 편이 되어 달라고 하는 것이 아닙니다. 내가 하나님 편에 설 수 있도록 구하는 것입니다.

기도를 통해 하나님을 바꾸는 것이 아니라, 내가 변화되는 것입니다. 내 뜻이 하나님을 통해 이루어지는 것이 아니라, 하나님의 뜻이 나를 통해 이루어지기를 구하는 것입니다.

우리가 살펴보고 있는 주기도문의 "뜻이 하늘에서 이루어진 것같이 땅에서도 이루어지이다"는 그런 뜻입니다. 하나님의 뜻이 이 땅 가운데서 이루어지기를 구하는 것입니다.

제가 청소년 시절에 이런 식의 기도가 유행했습니다.

"하나님, 저 안 쓰시면 하나님 손해입니다(그러니까 크게 써 주세요)."

"하나님, 제가 잘못되면 하나님의 영광을 가리는 것입니다(그러니까 잘되게 해주세요)."

물론 하나님은 아버지시니까 이렇게 기도해도 귀엽게 봐 주셨겠지만, 착각도 이렇게 큰 착각이 없습니다.

하나님은 절대로 손해 보시는 일이 없습니다. 하나님은 창조주이시고 만물의 주인이십니다. 그런 분을 어떻게 손해 보게 할 수 있을까요? 내가 하나님의 일을 못하면 내 손해지, 하나님이 손해 보실 일은 없습니다.

또, 누구도 하나님의 영광을 가릴 수 없습니다. 손바닥으로 하늘을 가릴 수 있을까요? 누가 감히 하나님의 영광을 가릴 수 있단 말인가요? 내가 잘못해 하나님의 영광 밖 어둠에 거할 수는 있어도, 하나님의 영광이 가려질 일은 없습니다.

이런 기도는 어린아이가 엄마에게 떼쓰는 것과 같습니다.

"장난감 안 사 주면 나 밥 안 먹어!"

이걸 협박이라고 합니다. 밥 안 먹으면 자기가 배고픈 거지요. 그래도 엄마가 가끔 못 이기는 척하며 장난감을 사 주는 건 자녀가 아직 어리기 때문이지 요구가 정당해서가 아닙니다. 그런 줄도 모르고 아이가 '아, 이렇게 하면 되는구나. 엄마는 떼쓰면 들어주는구나'라고 생각했다가는 언젠가 크게 혼날 날이 옵니다.

많은 청소년과 청년들이 사실 별로 기도를 하지 않습니다. 정기적으로 기도 생활하는 친구들을 보기 힘듭니다. 그나마 수련회 때라도 간절히 한 번씩은 기도하는 친구들이 좀 있습니다. 다급한 일이 생기면 간절히 기도할 줄 아는 친구들도 간간이 있습니다. 그런데 이렇게 기도를 조금 한다는 이들도 하나님께 떼쓰는 수준에 머무르는 경우를 많이 봅니다.

마음 같아서는 '그래, 이렇든 저렇든 일단 기도를 한다니 다행이다' 싶습니다. 기도하는 사람이 정말로 많지 않기 때문입니다. 제대로 하든 못 하든 일단 기도를 많이 했으면 좋겠습니다. 기도를 해야 올바른 기도로 가다듬을 수 있는 것이지, 애초에 기도를 안 하는데 이런 말들이 다 무슨 소용이 있을까요? 그러나 기왕에 기도를 한다면, 올바르게 하면 좋겠습니다.

도무지 이해되지 않던 기도

제가 어릴 적, 그러니까 초등학교 1-2학년쯤에 들었던 설교를 기억합니다. 그 무렵 설교 중에 유일하게 기억하는 설교입니다. 왜 기억에 남았는가 하면, 도저히 이해가 되지 않아서였습니다. 그때 전도사님이 설교하신 본문은 마태복음 6장이었습니다.

오늘 있다가 내일 아궁이에 던져지는 들풀도

하나님이 이렇게 입히시거든

하물며 너희일까보냐 믿음이 작은 자들아

그러므로 염려하여 이르기를

무엇을 먹을까 무엇을 마실까

무엇을 입을까 하지 말라

이는 다 이방인들이 구하는 것이라

너희 하늘 아버지께서 이 모든 것이

너희에게 있어야 할 줄을 아시느니라

그런즉 너희는 먼저 그의 나라와 그의 의를 구하라

그리하면 이 모든 것을 너희에게 더하시리라

(마태복음 6:30-33).

설교를 도저히 이해하기 어려웠던 이유는 이렇습니다. "무엇을 먹을까 무엇을 마실까 무엇을 입을까 하지 말라"니요. 초등학교 1-2학년이 하는 기도가 뭐가 있겠습니까?

"하나님, 이거 가지고 싶어요. 저거 가지고 싶어요. 갖게 해주세요."

"하나님, 시험 백 점 맞게 해주세요."

뭐 이런 기도가 아닐까요? 그런데 이런 기도를 하지 말라

먹을 거, 입을 거, 마실 거, 그러니까
내게 필요한 걸 다 빼고 나니
기도할 게 없습니다. 도대체
무슨 기도를 해야 하는 걸까요?

니요. 물론 이 말씀은 이런 기도를 전혀 하지 말라는 뜻은 아닙니다. 그 뜻은 뒤에 가서 살펴보겠습니다.

어쨌든 그때 어린 마음에는 먹을 거, 입을 거, 마실 거, 그러니까 내게 필요한 걸 구하는 기도를 다 빼고 나니 기도할 게 없었습니다. 그럼 도대체 어떤 기도를 해야 하는 걸까요? 본문에서 예수님은 이렇게 말씀하십니다.

> 그런즉 너희는 먼저 그의 나라와 그의 의를 구하라
> 그리하면 이 모든 것을 너희에게 더하시리라(33절).

"먼저 그의 나라와 그의 의를 구하라." 어린 저는 이 말씀이 도무지 이해되지 않았습니다. "그의 나라와 그의 의"라는 말이 너무 어려웠습니다.

그런데 알고 보면 주기도문이 바로 그 기도입니다. 우리가 앞에서 "나라가 임하시오며"의 뜻을 살펴보았지요? 그게 바로 "그의 나라"를 위한 기도입니다. 그리고 지금 살펴보고 있는 "뜻이 하늘에서 이루어진 것같이 땅에서도 이루어지이다"라는 기도가 바로 "그의 의"라고 보면 틀리지 않습니다.

하나님의 뜻이 곧 하나님 "그의 의"입니다. 의(義)는 '옳다'는 뜻입니다. 우리가 자기 뜻대로 사는 것은 내 뜻이 '옳다'고 여기기 때문입니다. 만일 내 뜻이 틀리고 친구의 뜻이 맞다고 생각한다면 당연히 친구의 말을 따를 테지요.

"그의 의"라는 것은 '하나님의 의', 즉 '하나님이 옳다', '하나님의 뜻대로 되어야 한다'는 의미입니다. "뜻이 하늘에서 이루어진 것같이 땅에서도 이루어지이다"라고 간구하는 바로 그 뜻입니다. "제가 하나님의 뜻에 순종하겠습니다. 하나님의 뜻을 이루어 주세요"라고 기도하는 것입니다.

그러면 우리에게 필요한 것들을 위해서는 기도할 필요가 전혀 없을까요? 예를 들어 대학 입시를 위해 기도하거나 직장을 구하기 위해 기도하는 것은 어떠한가요? 하나님은 이런 기도를 전혀 하지 말라고 하신 것이 아닙니다. 우리의 필요를 위해, 단지 우리의 뜻과 욕구에 따라 기도하지 말라고 하신 것입니다.

우리는 이렇게 기도해야 합니다. "○○대학에 붙여 주세요"가 아니라 "이번 대학 입시를 통해 하나님의 인도하심과 뜻을 알게 해주세요. 최선을 다할 힘을 주시고, 하나님의 인도하심에 순종할 수 있게 해주세요. 저의 영광을 뒤로하고 하나님의 인도하심을 따르게 해주세요"라고 말입니다. 나의 뜻과 욕심이 아니라 하나님의 뜻과 의가 드러나기를 바라는 기도입니다.

"그리 아니하실지라도"의 기준

내가 나의 필요를 위해 기도할 때, 이것이 정말 욕심을 채우려는 기도인지, 아니면 순종하려는 기도인지 판별할 수 있는 중요한 기준이 있습니다. 바로 "그리 아니하실지라도"의 기준입니다.

이스라엘의 말기에 바벨론이라는 나라가 침략하여 많은 이스라엘 사람들을 포로로 끌고 갔습니다. 그중에 다니엘이라는 유명한 인물이 있지요. 그리고 사드락, 메삭, 아벳느고라는 다니엘의 세 친구들이 있습니다.

세 친구들에게 큰 위기가 찾아옵니다. 왕이 만든 거대한 금 신상에 절하지 않으면 누구든지 화형에 처하겠다는 명령이 떨어집니다. 다니엘의 친구들은 하나님을 섬기는 자로서 당연히 우상에 절하기를 거부합니다.

바벨론 왕은 마지막으로 그들을 설득합니다. 신상에 절을 하라고 말입니다. 그러자 사드락과 메삭과 아벳느고가 이렇게 대답합니다.

> 느부갓네살이여 우리가 이 일에 대하여
> 왕에게 대답할 필요가 없나이다
> 왕이여 우리가 섬기는 하나님이 계시다면
> 우리를 맹렬히 타는 풀무불 가운데에서
> 능히 건져내시겠고 왕의 손에서도 건져내시리이다
> 그렇게 하지 아니하실지라도
> 왕이여 우리가 왕의 신들을 섬기지도 아니하고
> 왕이 세우신 금 신상에게 절하지도 아니할 줄을
> 아옵소서(다니엘 3:16-18).

사드락과 메삭과 아벳느고는 믿었습니다. 자신들이 불에 던져져도 하나님이 건져 주실 것을 말입니다. 그런데 중요한 것은 그 다음 말입니다.

> 그렇게 하지 아니하실지라도(18절).

그들은 하나님이 그렇게 하지 아니하실지라도 절대로 우상에게 절하지 않겠다고 선언합니다. 그들은 하나님이 건져 주실 것을 믿었습니다. 그러나 건져 주시지 않아도 이렇게 죽는 것이 하나님의 뜻이라면 그 길을 걷겠다는 선언입니다. 다니엘의 세 친구들에게 중요한 것은 하나님의 뜻을 따르는 것이지 자신들이 살고 죽는 것이 아닙니다.

하늘의 뜻이 이 땅 가운데서 이루어지기를 기도한다는 것은 바로 이런 마음입니다. 하나님의 뜻이라면 죽기도 하겠고 살기도 하겠다는 고백입니다.

우리는 대학 입시를 위해 기도할 수 있습니다. 합격을 간절히 바랄 수도 있습니다. 하나님이 도우시면 합격할 수 있다는 믿음을 갖는 것도 좋습니다. 그러나 한 가지 이러한 고백이 중요합니다.

"그렇게 하지 않으셔도 저는 하나님의 뜻에 순종하겠습니다."

가끔 어떤 친구들은 이렇게 기도합니다.

"하나님, 저 합격하게 해주세요. 저 합격 못하면 안 돼요. 저 합격 못하면 죽어요."

분명히 말씀드립니다. 합격 못해도 죽지 않습니다. 하나님의 뜻이면 살기도 하고 죽기도 하는 것이지, 대학 입시 때문에 죽고 사는 인생이 아닙니다.

우리가 우리의 필요를 위해 기도할 때 잊지 맙시다. "주시기를 바라지만, 그렇게 하지 않으셔도 저는 오직 주님의 뜻에 순종하기를 원합니다." 이 고백을 말입니다.

5. 오늘 우리에게 일용할 양식을 주시옵고

꼭 필요한 은혜를 구할 때 기도는 응답받는다

매일매일 하나님만 의지하는 훈련

일용할 양식이란, 말 그대로라면 하루치 양식을 말합니다. 성경에 보면 이스라엘 역사 속에서 하나님이 정말로 딱 하루 분량씩만 백성들에게 양식을 주신 적이 있습니다.

출애굽기에 보면 하나님이 이스라엘 백성을 애굽에서, 그러니까 지금의 이집트에서 구출하시는 장면이 나옵니다.

당시 이스라엘 백성들은 애굽에서 약 430년 동안 살고 있었습니다. 처음에는 그렇지 않았지만, 시간이 흐르면서 애굽 사람들은 이스라엘 사람들을 노예처럼 부리기 시작했지요. 하나님은 모세라는 사람을 불러서 이스라엘 백성들을 구출하게 하십니다. 애굽에 열 가지 재앙을 내리시고, 이스라엘을 위해 홍해 바다를 가르시는 사건이 여기에 등장합니다.

이스라엘 백성들은 애굽을 나와 광야를 여행하게 됩니다. 광야에서 그들은 농사를 지을 수도, 목축을 할 수도 없었습니다. 애굽에서 가지고 나온 식량이 떨어져 가자 이스라엘 백성들은 불평하기 시작합니다.

하나님은 불평하는 그들을 위해 하늘에서 양식을 내려 주십니다. 바로 '만나'라고 하는 것입니다. 만나는 직경 4밀리미터 남짓한 둥근 씨앗 모양으로 색은 희고, 맛은 꿀 섞은 과자 같았다고 합니다(출애굽기 16:31). 이런 만나가 아침마다 서리같이 내렸습니다.

하나님은 만나를 딱 하루 먹을 분량만 담으라고 명령하셨습니다. 하루치만 담아 그날 다 먹도록 하셨습니다. 그런데 꼭 말을 안 듣는 사람들이 있습니다. 처음에 만나가 내렸을 때 어떤 사람들은 며칠 분을 주워 담았습니다. 다음 날이 되자 만나에 벌레가 생기고 냄새가 나기 시작합니다. 유통 기한이 딱 하루인 식량입니다. 당연히 하나님은 매일 아침마다 만나를 내려 주십니다.

왜 이렇게 하셨을까요? 이스라엘 백성들을 훈련하기 위해서였습니다. 하나님만을 의지하게 하는 훈련입니다.

이스라엘 백성들은 430년 동안 남의 나라에서 살다가 이제 겨우 하나님의 백성으로서 첫발을 내딛었습니다. 이들에게 가장 필요한 것이 무엇일까요? 하나님을 온전히 의지하는 법을 배우는 것입니다.

사람이라는 게 그렇습니다. 창고에 곡식이 가득하면 하나님을 의지하지 않아도, 창고만 믿어도 앞으로 잘살 것 같다는 착각에 빠집니다. 가득 찬 창고를 보며 뿌듯해 하겠지요. 그러나 하늘에서 하루치의 양식만 내려 주면 어떨까요? 매일매일 하늘을 바라보겠지요. 이렇게 매일매일 하나님을 보라고, 매일매일 하나님을 의지하고 그분의 은혜에 기대어 살라고 하나님은 만나로 이스라엘 사람들을 훈련하셨습니다.

우리가 "일용할 양식을 주시옵고"라고 기도할 때는 이 만나를 떠올려야 합니다. 우리의 쌀통에는 몇 달은 먹을 곡식이 들어 있습니다. 통장에는 잔고가 두둑합니다. 그러나 "제가 쌀통이나 통장이 아니라 하나님을 믿고 살겠습니다"라고 고백하는 것입니다.

이스라엘이 매일 만나를 받아야 광야에서 살 수 있었던 것처럼, 우리도 광야 같은 세상에서 매일 하나님의 은혜가 필요합니다. 하나님의 은혜가 있어야 하나님의 백성답게 살 수 있습니다.

"매일매일 하나님을 의지하겠습니다. 매일매일 필요한 은혜를 주세요!"

이것이 "일용할 양식을 주시옵고"의 간구입니다.

내일 염려는 내일 하라

'기우'(杞憂)라는 말이 있습니다. '쓸데없는 걱정'이라는 뜻입니다. 옛날 중국의 기 나라에 어떤 사람이 살았습니다. 그는 하늘이 무너질까 봐, 땅이 꺼질까 봐 걱정하다가 급기야 식음을 다 끊고 드러누웠습니다. 여기서 유래된 단어가 '기우'입니다. 그러고 보면 예나 지금이나 사람들은 참 많은 걱정을 하고 살아갑니다.

이런 글을 본 적이 있습니다.

"우리가 걱정하는 일의 80퍼센트는 일어나지 않을 일이다.

엉엉~
살인진드기면
오또케?
모기 물린
자리

...

대부분의 걱정이 사실 쓸데없는 걱정입니다. 염려하고 걱정하는 우리에게 예수님은 말씀하십니다. "내일 일을 위하여 염려하지 말라."

나머지 20퍼센트의 대부분은 일어나더라도 우리 능력으로 어찌할 수 없는 일이다."

사실 여부는 확인할 수 없지만, 경험으로 볼 때 맞는 말이라는 생각이 듭니다. 쓸데없는 걱정이 따로 있는 것이 아닙니다. 대부분의 걱정이 사실 쓸데없는 걱정입니다.

염려하고 걱정하는 우리에게 예수님은 말씀하십니다.

그러므로 내일 일을 위하여 염려하지 말라

내일 일은 내일이 염려할 것이요

한날의 괴로움은 그날로 족하니라(마태복음 6:34).

"내일 일을 위하여 염려하지 말라."

이것은 우리가 일용할 양식을 구하는 또 다른 뜻입니다. 일용할 양식을 구하는 사람이 10년치의 미래를 걱정할 리는 없겠지요. 주님은 그날의 양식만 구하고, 그날의 은혜만 구하면 되지, 우리에게 오지 않은 미래를 염려하지 말라고 말씀하십니다.

예수님을 따르는 사람들은 염려 대신에 해야 할 것이 따로 있습니다.

아무것도 염려하지 말고 다만 모든 일에 기도와 간구로,

너희 구할 것을 감사함으로 하나님께 아뢰라

그리하면 모든 지각에 뛰어난 하나님의 평강이

그리스도 예수 안에서 너희 마음과 생각을 지키시리라

(빌립보서 4:6-7).

염려하지 말고 기도하라는 말씀입니다. 선배 목사님이 염려

는 바로 기도로 옮겨야 한다고 말씀하시는 것을 들었습니다.

"여러분, 염려가 생기면 바로 기도로 옮기세요. 이렇게요. '하나님, 다음 주 시험을 망칠까 봐 너무 걱정이 됩니다. 그러니까 하나님께서 지혜를 주셔서 공부한 것이 머릿속에서 잘 정리되게 해주세요.'"

바로 기도로 옮기라는 말입니다. 참 공감이 되었습니다. 염려 따로 기도 따로가 아닙니다. 염려가 바로 기도가 되도록 옮기는 것입니다.

이렇게 기도하면 어떻게 될까요?

"하나님의 평강"이 우리의 "마음과 생각"을 지키신다고 합니다. 우리 마음에 염려가 사라지고 평안이 찾아오는 것입니다. 염려와 걱정은 하나님께 맡기는 것이지 내가 간직하는 것이 아닙니다. 우리는 이렇게 기도합니다.

"일용할 양식을 주시옵고."

오늘의 은혜, 오늘의 양식이면 족합니다. 우리는 내일 걱정까지 하지 않습니다. 미래는 우리의 것이 아닙니다. 오늘을 감사하며 사는 것이 우리의 몫입니다.

주신 것에 감사하는 마음

어느 어촌 마을에 한 사업가가 휴가를 보내기 위해 방문했습니다. 사업가는 해변에 앉아서 물고기를 잡는 둥 마는 둥 하며 쉬고 있는 어부를 못마땅한 표정으로 바라보다가 퉁명스럽게 말합니다.

"여보시오. 그렇게 빈둥거려서야 물고기를 제대로 잡을 수나 있겠소?"

어부는 웃으며 대답합니다.

"걱정 마시오. 오늘 먹을 물고기는 다 잡아 놨소."

사업가는 펄쩍 뜁니다.

"아니 아직 하루가 한참 남았는데 더 열심히 많이 잡아야 하지 않겠소?"

어부가 묻습니다.

"그렇게 많이 잡아서 무엇에 쓰게요?"

사업가는 답답하다는 듯이 말합니다.

"고기를 많이 잡아서 가져다가 팔면 나처럼 부자가 될 수 있잖소."

어부가 다시 묻습니다.

"부자가 되면 뭐하게요?"

사업가가 대답합니다.

"참 답답하기는…. 부자가 되면 나처럼 여유롭게 해변에 앉아서 여유를 즐길 수 있잖소."

어부가 알 수 없다는 표정을 지으며 대답합니다.

"지금 내가 그걸 하고 있지 않소."

어쩌면 사람들은 필요한 것보다 너무 많은 것을 원하고, 가지려 하는지도 모릅니다. 그래서 정작 지금 누릴 수 있는 소중한 것을 누리지 못합니다. 작지만 아주 귀한 것들을 놓치고 살아갑니다.

오늘의 양식을 구하는 마음은 오늘 주어진 것의 소중함을 아는 마음입니다. 작은 것에도 감사할 줄 아는 마음입니다. 사실은 이런 마음을 가진 사람이 진정한 부자입니다.

아무리 많이 가졌어도 여전히 부족한 사람이 있습니다. 욕심으로 가득 차서 채워도 채워도 부족하다고 느끼는 사람입니다. 이런 사람은 늘 가난합니다. 많이 가졌음에도 나누지 못합니다. 늘 부족하기 때문입니다. 적게 가져도 마음이 넉넉한 사람은 부자입니다. 콩 한쪽도 나눠 먹을 수 있는 사람은 부자입니다.

우리가 세상에 아무것도 가지고 온 것이 없으매

또한 아무것도 가지고 가지 못하리니

우리가 먹을 것과 입을 것이 있은즉

족한 줄로 알 것이니라(디모데전서 6:7-8).

우리는 빈손으로 태어났고, 빈손으로 떠날 것입니다. 살아가는 동안 먹을 것과 입을 것이 있으면 족합니다. 그것으로 충분히 감사한 것입니다.

요즈음에 연예인들의 자녀가 나오는 프로그램이 인기입니다. 그런데 그 프로그램을 보면서 많은 사람들이 자괴감을 느낀다고 합니다. 크고 넓은 집, 비싼 차, 자녀들과 뛰놀 수 있는 여유 있는 삶… 볼수록 내 삶이 초라해지는 것입니다.

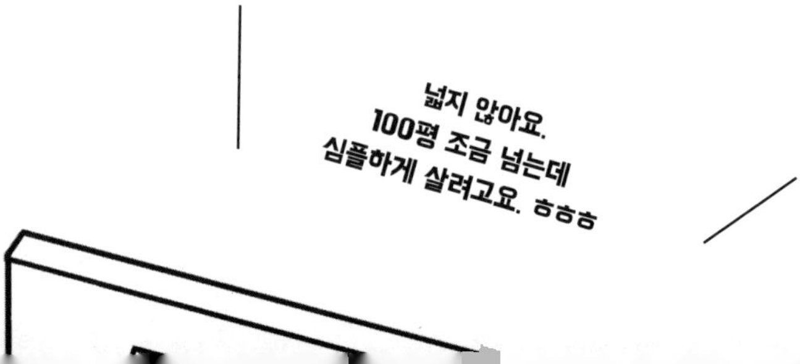

큰 집, 비싼 차가 없는 것이
문제가 아닙니다. 그게 없기 때문에
내 삶이 초라하게 느껴진다는 것이
문제입니다. 정말 초라한 것일까요?

내게 큰 집, 비싼 차가 없는 것이 문제가 아닙니다. 그게 없기 때문에 내 삶이 초라하게 느껴진다는 것이 문제입니다. 정말 초라한 것일까요? 그렇지 않습니다. 하나님은 결코 그렇게 평가하지 않으십니다. 그것은 순전히 사람의 잣대이며, 우리 마음의 문제입니다.

하나님이 내게 주신 것들에 감사함이 가득한 사람의 마음에는 부러움이 들어올 자리가 없습니다. 부러운 것이 없는 사람은 세상에서 가장 큰 부자입니다.

하나님의 사람은 하나님의 은혜로 살아갑니다. 은혜로 사는 사람은 욕심을 부리지 않습니다. 오늘 주어진 것에 감사하고, 그것을 귀하게 누릴 줄 아는 사람입니다.

그래서 우리는 구합니다.

"일용할 양식으로 충분한 삶이 되게 해주세요. 감사함으로 늘 부요한 마음을 갖게 해주세요."

꼭 필요한 것을 구하는 믿음

어느 선교사님이 식인종 마을에 가서 선교를 했습니다. 다행히 식인종 마을 사람들이 복음을 듣고 예수님을 믿게 되었습니다.

선교사님은 식인종 마을 사람들에게 문명사회에 대해 교육을 했습니다. 인류의 역사를 강의하며 최근에 일어난 전쟁들을 설명할 때였습니다. 한 식인종이 도저히 알 수 없다는 표정으로 질문을 합니다.

"선교사님, 사람들이 그렇게 많이 죽으면 그들을 언제 다 먹습니까?"

선교사님은 대답합니다.

"문명사회에서는 사람을 먹지 않습니다."

그러자 식인종은 더욱 알 수 없다는 표정으로 묻습니다.

"아니, 그럼 먹지도 않을 사람들을 왜 죽입니까?"

그렇습니다. 우리의 탐욕은 문명화되지 않았습니다. 동물들은 배가 부르면 더 이상 가지려 하지 않습니다. 우리는 배가 불러도 더 원합니다. 내일의 양식, 모레의 양식… 할 수만 있다면 창고를 크게 짓고 쌓아 두고 싶어 합니다. 통장의 잔고를 가능한 한 두둑하게 쌓아 두고 싶어 합니다.

요즈음 많은 청소년들의 꿈이 '건물주'라고 합니다. 죽을 때까지 먹고살 만한 재산을 쌓아 두고 싶다는 뜻입니다. 일 안

하고 놀고 싶다는 것입니다. 정말 안타까운 일입니다.

더욱 안타까운 건, 건물주가 되어도 결코 만족하지 못한다는 것입니다. 충분히 먹고살 만해도 돈을 더 벌겠다고 세입자들을 쫓아냅니다.

'젠트리피케이션'(gentrification)이라는 신조어가 있습니다. 도시가 개발되면서 임대료가 오르고 원래 살던 사람들이 쫓겨나는 현상을 말합니다.

사람들이 잘 찾지 않던 동네에 가난한 예술가들이 모여듭니다. 예술가들이 저마다 개성 있는 작은 가게를 꾸려 나갑니다. 동네가 예뻐지고 개성 있는 문화가 생기자 사람들이 몰려듭니다. 사람들이 몰려들어 장사가 잘되자 건물 주인들이 임대료를 올립니다. 결국 동네를 유명하게 만든 가난한 예술가들은 비싼 임대료를 감당하지 못하고 쫓겨납니다. 그 자리를 대기업 프렌차이즈 상점들이 차지합니다.

이런 식의 일들이 오늘날 사회 문제가 되고 있습니다. 건물주가 되어도 도무지 만족하지 못하는가 봅니다. 더 많이 벌 수 있다는데 '도리'를 지키는 사람은 거의 없나 봅니다.

우리는 어느 때보다 풍요한 시대를 살고 있습니다. 오늘처럼 대다수의 사람들이 끼니를 걱정하지 않아도 되는 시대는 인류 역사상 거의 없었습니다. 곳곳에서 음식이 넘쳐납니다.

예수님 시대에는 거의 대다수의 서민이 옷이 한 벌밖에 없었습니다. 옷이 두 벌 있으면 부자였습니다. 그런데 우리는 옷장에 옷이 가득합니다. 그렇게 많이 가지고도 더욱 가지고 싶어 합니다.

탐욕은 사람에게 있는 뿌리 깊은 죄악입니다. 그래서 성경은 이렇게 말합니다.

> 그러므로 땅에 있는 지체를 죽이라
> 곧 음란과 부정과 사욕과 악한 정욕과 탐심이니
> 탐심은 우상 숭배니라(골로새서 3:5).

'일용할 양식'을 구하는 기도는 우리의 욕심을 죽이고 꼭 필요한 것을 구하는 기도입니다. 욕심대로 마구 구하는 것이 아닙니다. 꼭 필요한 것을 구하는 것입니다. 하나님은 우리의 욕심을 채우시는 게 아니라 우리의 필요를 채우십니다.

우리의 기도가 응답받지 못하는 중요한 이유 중 하나가 이것입니다. 우리가 꼭 필요한 것을 구하지 않고 욕심대로 지나치게 구하기 때문입니다. 성경은 이렇게 말합니다.

구하여도 받지 못함은 정욕으로 쓰려고

잘못 구하기 때문이라(야고보서 4:3).

그래서 하나님께 응답받는 기도를 드리려 할 때는 욕심을 버려야 합니다. 꼭 필요한 것만을 구해야 합니다.

"일용할 양식을 주시옵고"는 "하나님, 제게 꼭 필요한 것으로 채워 주세요", "하나님, 욕심을 버리게 해주세요"라는 고백을 담은 기도입니다.

이웃에게 일용할 양식이 되어 주는 삶

이런 식의 간증을 많이 듣습니다.

"때마침 50만 원이 모자랐습니다. 하나님께 채워 주시기를 간절히 기도했습니다. 기도를 하고 있는데 초인종이 울렸습니다. 문 밖에는 평소 인사만 나눌 뿐 별로 친분이 없던 옆집 사람이 서 있었습니다. 그는 갑자기 마음에 감동이 있었다면서 봉투 하나를 주고 갔습니다. 봉투를 열어 보니 딱 50만 원이 들어 있지 뭡니까! 하나님께서 이처럼 정확하게 응답하셨습니다."

놀라운 일입니다! 우리는 이런 일이 우리에게도 일어나기를 바랍니다. 그런데 문제가 뭔지 아시나요?

우리는 50만 원을 받는 기적이 일어나기를 바라지만, 50만 원을 주는 사람이 되고 싶어 하지는 않는다는 것입니다. 우리는 기도 응답을 받고 싶어 하지만, 누군가의 기도 응답이 되어 주고 싶다는 생각은 하지 못합니다.

그러나 이 이야기의 주인공은 50만 원을 받은 사람이 아니라 50만 원을 준 사람입니다. 왜냐하면 주는 것이 받는 것보다 복이 있기 때문입니다(사도행전 20:35).

우리는 하나님 앞에서 일용할 양식을 구합니다. 꼭 필요한 것을 구합니다. 대개 하나님은 필요한 것을 사람을 통해 주십니다. 그렇다면 우리는 다른 사람을 통해 필요한 것을 공급받을 뿐만 아니라, 다른 사람의 필요를 공급해 주는 사람이 되어야 합니다.

일용할 양식에 감사하는 사람은 자기에게 꼭 필요한 것 이상의 물질은 나누어야 한다는 사실을 분명히 알아야 합니다.

내게 필요한 것을 구하면서 다른 사람에게 필요한 것은 생각하지 않는다면 얼마나 이기적인가요? 기도 응답을 바란다면, 우리도 누군가의 기도 응답이 되어 주어야 합니다.

"일용할 양식을 주시옵고"라고 구할 때, 우리는 우리를 통해 다른 사람 또한 일용할 양식을 채우기 원하시는 하나님의 뜻에 순종하기를 구하는 것입니다.

이렇게 기도합시다.

"하나님, 제게 일용할 양식을 주세요. 필요하다면 저를 통해 다른 사람에게도 일용할 양식을 주세요."

6. 우리가 우리에게 죄 지은 자를 사하여 준 것같이

서로를 용서하고 사랑할 때 기도는 응답받는다

가장 강력한 고백은 행동이다

한 남자가 여자에게 자꾸 음식을 권합니다. 여자는 표정이 좋지 않습니다. 어떤 상황일까요?

사람들 사이에는 서로 다른 사랑의 언어가 있다고 합니다. 사람마다 사랑받고 있다는 느낌을 받는 포인트가 다르다는 말입니다. 이 남자는 먹을 것을 권하는 것이 사랑의 표현입니다. 누군가 음식을 자기에게 권할 때 사랑받고 있다, 관심받고 있다고 생각합니다. 그래서 자신의 언어로 여자친구에게 말합니다. 자꾸 먹으라고 합니다. 많이 사랑한다는 뜻입니다.

그런데 웬걸요. 여자는 너무 불쾌해 합니다. 속으로 이렇게 생각합니다.

'내가 그렇게 먹는 것만 밝히는 사람처럼 보여? 누굴 돼지로 아나. 아, 기분 나빠.'

남자의 행동을 사랑이 아니라 조롱으로 느끼는 것입니다. 먹을 걸 권하는 것을 전혀 사랑으로 느끼지 않습니다. 그보다는 남자친구가 얘기를 잘 들어줄 때 사랑받고 있다고 느낍니다. 그런데 남자가 얘기는 안 들어주고 자꾸 음식만 시키니 짜증이 납니다.

서로 사랑의 언어가 달라서 생기는 오해입니다. 그래서 누군가를 진정 사랑한다면 내 기준이 아니라 상대방의 입장에서 어떨 때 사랑을 느끼는지 이해해야 합니다.

사랑의 언어에 대해 얘기를 했더니 친구인 목사님이 묻습니다.

"이 목사는 어떨 때 아내에게 사랑받는다고 느껴요?"

잠깐 생각하다가 최근에 느꼈던 일을 말했습니다.

"너무 피곤해서 침대에 누워 있었어요. 힘들어서 불 끄기도 싫었지요. 그런데 아내가 방을 슬쩍 들여다봤어요. 뭔가 하고 싶은 말이 있는 것 같았는데, 내가 너무 피곤해서 누워 있으니까 불을 끄고 조용히 문을 닫아 주더라고요. 그때 참 고맙고, 아내가 나를 배려하는구나, 사랑하는구나 하고 느꼈어요."

이 말을 아내가 들었습니다. 그 다음부터 어떤 일이 벌어졌는지 아세요? 제가 침대에 누워 있기만 하면 불 끄고 문을 닫고 나가는 겁니다. 심지어 침대에서 책을 보고 있는데도 불 끄고 문을 닫고 나갑니다.

아내가 그럴 때마다 저는 사랑을 느낍니다. 책을 보고 있다가 갑자기 어두워졌지만 짜증나지 않습니다. 오히려 사랑을 느낍니다. 제가 이상해서인가요? 아닙니다. 제가 좋았다고 말한 것을 아내가 기억하고 있다가 꼭 그렇게 행동하려고 하기 때문입니다.

사실, 제 아내는 사랑한다는 말을 잘 안 합니다. 저는 말로 표현을 자주 하는 편이기 때문에 가끔 서운할 때가 있습니다.

하지만 아내는 제가 뭔가를 좋아한다고 하면 꼭 기억하고 있다가 그걸 해줍니다. 맛있다고 한 반찬은 잊지 않고 있다가 다시 해줍니다. 불 끄고 문 닫아 준 것이 고마웠다고 하니까 침대에 누워 있기만 하면 불을 끄고 문 닫고 나갑니다. 너무 불 끄고 나가도 짜증나지 않습니다.
제가 좋았다고 말한 것을 기억해 두었다가
꼭 그렇게 행동하려고 하기 때문입니다. 그것이
어떤 말보다 더 크게 사랑한다는 말로 들립니다.

귀엽지요? 그런 행동 하나하나가 제게는 사랑한다는 말로 크게 들립니다.

하나님도 마찬가지십니다. 우리가 눈물 콧물 흘리며 죄 용서를 구할 때보다 더 크게 하나님의 마음을 움직이는 우리의 행동이 있습니다. 주님의 이름으로 다른 사람을 용서하는 것입니다. 아내의 행동이 그 어떤 사랑한다는 말보다 제게 더 크게 들리듯이, 우리가 주님의 이름으로 다른 사람을 용서하는 것이 그 어떤 용서를 구하는 말보다 하나님께 더 크게 들립니다.

그래서 우리는 이렇게 기도합니다.

"우리가 우리에게 죄 지은 자를 사하여 준 것같이 우리 죄를 사하여 주시옵고."

이것은 "내가 용서해 주었으니 하나님도 용서해 주세요"라고 조건을 제시하는 말이 아닙니다. "우리가 우리에게 죄 지은 자"를 용서해 주는 행동이 그 어떤 말보다 더 크게 하나님 앞에 용서를 구하는 간구가 됩니다. 우리가 예수님의 이름으로 다른 사람을 용서할 때, 그 행동은 이런 말이 되는 것입니다.

"하나님, 정말로 용서받고 싶습니다. 하나님, 정말로 회개합니다!"

행동은 때로 말보다 더 큰 고백입니다. 그러므로 "우리가 우리에게 죄 지은 자를 사하여 준 것같이 우리 죄를 사하여 주시옵고"라고 기도하는 것에는 이런 의미도 포함됩니다.

"입으로만 고백하는 믿음이 아니라 행하는 믿음을 갖게 해 주세요."

하나님은 어떤 예배를 기쁘게 받으실까요? 멋진 찬양팀이나 성가대의 찬양이 있는 예배일까요? 아니면 은혜가 넘치는 설교가 선포되는 예배일까요? 자세를 바르게 하고 진심을 다해 드리는 예배일까요?

물론 예배의 모든 섬김과 진심 어린 태도를 보며 하나님은 기뻐하실 것입니다. 그런데 하나님이 그보다 훨씬 더 중요하게 보시는 것이 있습니다. 바로 예배를 드리는 사람의 평소 행동입니다. 살아가는 모습입니다.

예수님은 이렇게 말씀하십니다.

> 그러므로 예물을 제단에 드리려다가
> 거기서 네 형제에게 원망들을 만한

일이 있는 것이 생각나거든
예물을 제단 앞에 두고 먼저 가서
형제와 화목하고 그 후에 와서
예물을 드리라(마태복음 5:23-24).

무슨 말씀인가요? 참된 예물이란, 예물 자체의 가치보다 그것을 드리는 자의 삶이 어떠한가에 달려 있다는 말씀입니다. 또 성경에 이런 말씀이 있습니다.

그러므로 형제들아
내가 하나님의 모든 자비하심으로 너희를 권하노니
너희 몸을 하나님이 기뻐하시는 거룩한 산 제물로 드리라
이는 너희가 드릴 영적 예배니라(로마서 12:1).

거룩한 제물, 영적 예배란 우리의 삶을 하나님 앞에 드리는 것입니다. 하나님을 향한 우리의 마음은 특정한 시간이 아니라 우리의 삶 전체에 드러나게 되어 있습니다.

그러므로 "우리가 우리에게 죄 지은 자를 사하여 준 것같이"라고 기도할 때, 우리는 하나님이 기뻐하실 만한 삶의 모

습을 구하는 것입니다. 믿음대로 살기를 구하는 것입니다.

용서받은 대로 용서하고, 사랑받은 대로 사랑하는 삶입니다. 말로만 하는 사랑이 아니라 행하는 사랑입니다.

"우리가 우리에게 죄 지은 자를 사하여 준 것같이"라고 기도하면서 우리는 자신의 삶을 돌아봅니다. '내가 용서를 했던가? 사랑을 했던가?' 그러고 나서 구합니다.

"하나님, 아직 용서하지 못한 친구가 있습니다. 용서하게 해주세요."

"하나님, 사랑하지 못하는 친구가 있습니다. 사랑하게 해주세요."

다른 사람을 위한 것이 곧 나를 위한 것이다

한번은 어떤 일로 마음이 상한 일이 있었습니다. 속상해서 아무것도 하기 싫고 집에 가서 쉬고만 싶었습니다. 마음이 힘들면 누구도 만나고 싶지 않은 때가 있지요? 그런 날이었습니다. 그런데 하필 그날 심방이 있는 겁니다.

심방은 목사가 가정이나 직장으로 성도를 찾아가 만나는

일입니다. 만나서 여러 가지 사는 얘기를 듣고 신앙의 고민도 듣습니다. 위로도 하고 기도도 해줍니다.

이런 생각이 들었습니다.

'내가 누굴 찾아가 위로하나. 지금은 내가 위로를 받아야 할 때인데. 나도 힘들어.'

그래도 어떡하겠습니까? 이미 심방 약속은 잡혀 있고 안 갈 수도 없습니다. 투덜거리며 심방하기로 한 성도님을 찾아갔습니다. 성도님의 이모저모 어려운 처지도 듣고 위로도 해드렸습니다. 그리고 함께 기도를 드리고 헤어졌습니다.

놀라운 일이 벌어졌습니다. 제 마음이 밝아지고 따뜻해졌습니다. 누군가에게 깊은 위로를 받은 것처럼 회복되었습니다. 저는 위로를 받고 온 것이 아닙니다. 위로를 해드리고 왔습니다. 그런데 제 마음이 오히려 위로를 받았습니다.

사람의 마음이라는 것은 참 놀랍습니다. 누군가를 위로하면 내가 위로를 받습니다. 누군가를 사랑하면 내가 사랑을 받습니다. 누군가를 용서하면 내가 용서를 받습니다.

왜 그런지 아세요? 하나님이 사람의 마음을 원래 그렇게 만드셨기 때문입니다. 사랑은 받기만 해서는 결코 채워지지 않습니다. 사랑은 해야 채워집니다. 우리는 사랑받기 위해 태어났지만, 또한 사랑하기 위해 태어났습니다. 그래서 하나님은 그분의 백성에게 이렇게 말씀하십니다.

> 어느 때나 하나님을 본 사람이 없으되
> 만일 우리가 서로 사랑하면
> 하나님이 우리 안에 거하시고
> 그의 사랑이 우리 안에
> 온전히 이루어지느니라(요한일서 4:12).

내가 다른 사람을 용서하는 것은 어찌 보면 내가 은혜를 베푼 것입니다. 그런데 놀랍게도 그것은 하나님의 용서로 돌아옵니다. 내가 다른 사람을 사랑하면, 그것이 곧 하나님과 나누는 사랑이 됩니다. 참 놀라운 은혜입니다.

그러므로 "우리가 우리에게 죄 지은 자를 사하여 준 것같이 우리 죄를 사하여 주시옵고"라는 기도는 내가 다른 사람을 사랑함으로써 하나님의 사랑이 내게 온전히 이루어지기를 구하는 것과 같습니다. 이러한 마음으로 우리는 다른 사람을 위해 기도해야 합니다.

교회 안에 사랑에 굶주린 사람들이 있습니다. 관심에 굶주린 사람들이 있습니다. 그들은 조금만 관심을 받지 못해도 금방 시무룩해집니다. 그동안 관심과 사랑을 받았으면서도 작은 것에 서운해 하고 마음에 상처를 입습니다.

왜 그럴까요? 사랑을 받는 것만으로는 마음이 결코 채워지지 않기 때문입니다. 우리가 서로 사랑해야 하나님의 사랑이 우리 안에서 온전히 이루어진다고 했습니다.

용서를 누리려면 용서를 해야 하고, 사랑을 누리려면 사랑을 해야 합니다.

내가 누군가에게 이해받아야 한다고 생각될 때, 오히려 누군가를 이해해 보세요. 내가 누군가에게 사랑받아야 한다고 생각될 때, 오히려 누군가를 사랑해 보세요. 누군가가 나를 위해 기도해 주어야 한다고 생각될 때, 오히려 누군가를 위해 기도해 보세요.

그러면 생각지 못한 일이 일어납니다. 하나님이 이해해 주시고, 사랑해 주시고, 나를 위해 일하십니다.

"우리가 우리에게 죄 지은 자를 사하여 준 것같이"라고 기도할 때, 우리는 내가 용서한, 혹은 용서할 친구를 생각합니다. 그리고 그를 위해 기도합니다. 내가 사과받아야 하지만, 오히려 그에게 기도를 선물합니다.

"친구가 잘못을 깨닫게 해주세요. 올바른 길로 가게 해주세요."

"하나님, 친구를 불쌍히 여겨 주세요. 악에서 건져 주세요."

다른 사람을 위해 기도할 때 하나님이 역사하십니다. 그를 위해 역사하시고, 또한 나를 위해 역사하십니다.

그러므로 너희 죄를 서로 고백하며
병이 낫기를 위하여 서로 기도하라
의인의 간구는 역사하는 힘이 큼이니라
(야고보서 5:16).

7. 우리 죄를 사하여 주시옵고

죄 용서를 구할 때 기도는 응답받는다

하나님의 자녀는 언제나 회개한다

"예수님이 우리 죄를 사해 주신 것을 믿으면 구원을 받는다고 했잖아요. 그럼 믿기만 하면 이제 마음대로 죄를 지어도 지옥 갈 일은 없겠네요?"

이런 질문을 하는 친구들이 가끔 있습니다. 충분히 궁금해할 만한 부분입니다. 이 부분을 잘못 이해한 나머지 잘못된 교리를 전파하는 이단이 있습니다. 이들의 교리에는 성경에서 벗어난 부분이 여러 가지가 있습니다. 그중에서도 아주 잘못된 한 가지가 '한번 구원받은 사람은 더 이상 회개할 필요가 없다'는 주장입니다. 예수님의 죄 사함을 받고 구원받은 사람은 이미 모든 죄를 용서받았기 때문에 더 이상 회개할 필요가 없다고 주장합니다. 회개하는 것은 오히려 죄 사함을 받지 못한 증거라는 말까지 합니다.

이 말이 얼마나 말이 안 되는지는 예수님이 가르쳐 주신 기도만 봐도 단번에 알 수 있습니다.

예수님은 이렇게 기도하라고 말씀하십니다.

"우리 죄를 사하여 주시옵고."

누가 이렇게 기도하는 건가요? 하나님을, 예수님을 믿지 않는 사람인가요? 아닙니다. 예수님이 가르쳐 주신 기도는 이렇게 시작하지 않습니까?

"하늘에 계신 우리 아버지여."

하나님을 아버지라고 부를 수 있는 사람은 하나님의 자녀뿐입니다. 하나님의 자녀는 구원받은 사람입니다. 이 기도는 하나님의 자녀들에게 가르쳐 주신 기도입니다.

그런데 이미 죄 사함을 받고 구원받은 하나님의 자녀가 왜 계속해서 "우리 죄를 사하여 주시옵고"라고 기도해야 하는 걸까요?

회개에는 두 종류가 있기 때문입니다.

첫째는, 예수님을 믿지 않던 사람이 이전의 삶과 모든 죄에서 돌이켜 예수님을 믿게 되는 회개입니다.

둘째는, 예수님을 믿는 사람이 그 믿음 때문에 죄를 미워하고 끊임없이 죄와 싸우며 더 거룩하게 살기 위한 회개입니다.

신자에게는 이 두 종류의 회개가 반드시 나타나야 합니다. 어떤 사람이 예수님을 믿어 이미 구원을 받았기 때문에, 모든 죄를 용서받았기 때문에 이제 마음대로 죄를 지어도 된다고 생각하거나, 더 이상 회개할 필요가 없다고 여긴다면 그는 아직 예수님을 믿지 않는 사람입니다.

그런즉 어찌하리요
우리가 법 아래에 있지 아니하고
은혜 아래에 있으니 죄를 지으리요
그럴 수 없느니라(로마서 6:15).

여기서 '법 아래에 있지 않다'는 말은 이제 '하나님의 율법으로 심판받지 않는다'는 말입니다. 하나님이 십자가의 은혜로 죄를 사해 주셨기 때문입니다. 그러면 이제 다 용서받았고 은혜 아래에 있으니 마음대로 죄를 지어도 되고 회개할 필요도

회개란, 예수님을 믿지 않던 사람이 이전의
삶과 죄에서 돌이켜 믿음을 갖는 것입니다.
또한, 예수님을 믿는 사람이 그 믿음 때문에
죄를 미워하고, 끊임없이 죄와 싸우며,
더 거룩하게 살고자 하는 것입니다.

없는 걸까요? 성경은 이에 대해 뭐라고 말합니까? 간단합니다.

"그럴 수 없느니라."

네, 그럴 수 없습니다! 로마서 말씀에서 그럴 수 없다고 말하는 이유는 간단합니다.

구원은 어떤 구원의 공식을 암기하는 것이 아니라, 구원하

죄야, 나랑
한판 뜨자
으허헉~
죄

시는 예수님을 사랑하는 것이기 때문입니다. 우리가 예수님을 믿는다는 것은 예수님을 사랑한다는 뜻입니다. 예수님을 믿는다는 것은 "예수님이 우리를 위해 죽으셨고, 예수님의 죽으심으로 우리의 죄가 사함받았다"는 구원의 공식을 외우고 단순히 인정한다는 뜻이 아닙니다. 나를 위해 죽으신 예수님, 내 죄를 위해 십자가를 지신 예수님을 사랑한다는 뜻입니다.

남녀가 결혼을 합니다. 결혼이라는 것을 단순히 법적인 결합이라고 생각하면 이런 일도 가능합니다. 남편과 아내가 결혼하고 나서 각기 다른 남자, 다른 여자를 사귀는 겁니다. 남편과 아내가 제멋대로 다른 사람을 만나고 사랑해도 둘은 법적으로는 계속 부부일 수 있습니다.

그러나 결혼을 단순히 법이 아니라 사랑으로 하나 되는 것이라고 생각해 봅시다. 어떤 사람이 결혼한 순간 '아, 드디어 내가 원하던 여자와 결혼했으니 이제부터 마음대로 다른 여자를 만날 수 있겠군'이라고 생각한다면 어떨까요? 결혼하는 그 순간에조차 신부가 된 여자를 사랑하는 마음이 전혀 없음을 밝히 드러낸 것이 아닐까요? 결혼은 사랑으로 하나 되는 것이라고 했으니 아예 이 결혼 자체가 무효가 아닐까요?

마찬가지입니다. 누군가가 예수님을 믿으면서 '예수님을 믿고 구원받았으니 이제부터 마음대로 죄를 지어 보자'라고 생각한다면, 그는 애당초 예수님을 사랑하지 않는 사람이고, 믿음도 없는 사람입니다.

사랑하는 사람도 실수를 합니다. 아내를 사랑하지만 순간 다른 여자에게 마음을 뺏길 때가 있습니다. 그러면 아내를 사랑하는 사람은 어떤 마음이 들어야 정상인가요? 아내에게 미안하고, 괴롭고, 할 수만 있다면 시간을 돌이키고 싶고, 무릎 꿇고 용서를 빌어 아내에게 용서받고 싶은 마음이 들어야 합니다.

우리가 믿음이 있다면, 예수님을 사랑한다면, 죄를 지었을 때 이런 반응이 나와야 합니다.

'어차피 다 용서하셨으니까 회개할 필요 없어' 하는 것은 예수님을 무슨 감정도 없는 구원 자판기쯤으로 여기는 악한 생각입니다. 그런 사람은 결코 예수님을 사랑하는 사람이 아닙니다.

그래서 하나님의 자녀는 회개합니다. 회개를 한다는 것은 죄를 미워한다는 증거입니다. 우리가 죄에 속해 있지 않고 하나님께 속해 있다는 증거입니다. 하나님을 사랑하는 마음입니다.

회개를 한다는 것은 구원을 받지 못한 증거가 아닙니다. 회개야말로 하나님의 자녀라는 증거입니다. 그래서 예수님은 하나님의 자녀들에게 기도를 가르쳐 주시면서 하나님께 용서를 구하라고 말씀하십니다.

죄를 방치할 때 생기는 일들

가끔 이런 고민을 털어놓는 친구가 있습니다.

"목사님, 요즈음 기도가 너무 안 돼요."

기도가 잘 안 되는 원인은 여러 가지일 수 있습니다. 기도를 오래 쉬었다가 하려면 그렇습니다. 오랜만에 친구를 만나면 서먹합니다. 하나님과도 그렇습니다.

하나님이 다른 차원의 기도를 요구하시는 것일 수도 있습니다. 좀 더 깊은 기도, 좀 더 친밀한 교제로 초대하시는 것입니다. 이럴 때는 집중하여 오랜 시간 기도해야 합니다. 말씀을 더 깊이 묵상하면서 하나님의 마음을 깨달아 가야 합니다.

우리 안에 반복되는 죄가 있을 때에도 우리는 기도에 방해를 받습니다. 죄는 하나님과 우리 사이를 가로막습니다. 죄가 있으면 하나님을 기쁘게 만나지 못합니다. 이럴 때 어떻게 해야 할까요? 기도가 잘 안 되더라도 하나님 앞에 무릎 꿇고 나아가 진심으로 회개해야 합니다. 용서를 구하고 기도의 문을 열어 주시기를 구해야 합니다.

회개는 금이 간 하나님과의 관계를 회복하는 일입니다. 죄의 고름을 짜내고 영혼의 상처를 치료하는 일입니다.

죄는 크든 작든 하나님과 나의 관계에 상처를 냅니다. 그것은 내 영혼에 상처가 났다는 뜻입니다. 상처가 나면 아픕니다. 고통과 두려움, 불안, 자괴감 등이 찾아옵니다.

죄를 짓는 만큼 우리는 하나님과 멀어집니다. 하나님과 멀어지면 우리의 영혼은 생기를 잃어버립니다. 어두운 그림자가 마음에 드리우고, 점점 더 큰 죄가 찾아와 우리를 괴롭힙니다.

아무리 생명에 지장이 없다지만 감기를 1년 365일 달고 다니고 싶은 사람은 없습니다. 감기에 걸리면 불편한 게 한둘이 아닙니다. 말할 때 자꾸 기침이 나옵니다. 왠지 모르게 몸이 으스스합니다. 일의 능률도 떨어집니다. 그럴 때면 잘 쉬든지 약을 먹든지 해서 감기를 빨리 떨쳐 내야 합니다.

죄도 마찬가지입니다. 아무리 작은 죄라도 그대로 두면 안 됩니다. '이번에 낫더라도 다음에 또 걸릴 텐데 나으려고 애쓸 필요 없다'며 감기를 내버려 둬서는 안 되듯, 작은 죄라도 빨리 회개하고 하나님과의 관계를 회복해야 합니다.

그래서 우리는 기도합니다.

"우리 죄를 사하여 주시옵고."

참된 회개를 할 때, 하나님과의 관계가 회복되고 우리의 영혼이 다시 살아납니다. 다시 하나님과 복되고 아름다운 동행을 할 수 있게 됩니다.

8. 우리를 시험에 들게 하지 마시옵고

유혹을 이길 힘을 구할 때 기도는 응답받는다

우리가 시험에 드는 이유

어떤 소매치기가 회개를 합니다. "하나님, 다시는 남의 물건에 손대지 않겠습니다. 훔치지 않겠습니다."

기도를 마치고 눈을 뜨니 바로 앞에 서 있는 신사의 바지 주머니 사이로 삐져나온 지갑이 떡 하니 보입니다. 한눈에도 두둑한 현금이 들어 있어 보입니다. 소매치기는 다시 눈을 질끈 감고 이렇게 기도합니다.

"하나님, 어찌하여 저를 시험에 들게 하십니까?"

어떻습니까? 그가 정말 다시 죄를 짓지 않는지 확인하기 위해 하나님이 그의 눈앞에 지갑을 보여 주셨을까요? 절대로 그렇지 않습니다. 성경은 이렇게 말합니다.

> 사람이 시험을 받을 때에
> 내가 하나님께 시험을 받는다 하지 말지니
> 하나님은 악에게 시험을 받지도 아니하시고
> 친히 아무도 시험하지 아니하시느니라(야고보서 1:13).

하나님은 결코 인간을 죄로 유혹하지 않으십니다. 일부러 미끼를 던져 놓고 함정 수사를 하지 않으십니다. 우리가 시험에 드는 것은 우리 안에 있는 욕심 때문입니다.

"어? 하나님도 시험하지 않으셨나요? 아브라함에게 외아들 이삭을 바치라고 시험하셨는데요"라고 묻는 사람이 있을지 모르겠습니다. '시험'이라는 같은 말을 쓸 수 있지만 내용은 전혀 다릅니다.

하나님이 하시는 시험은 우리의 믿음을 키우거나 드러내기 위한 것입니다. 하나님은 아브라함의 믿음을 이미 아시고, 그 믿음을 세상에 보이기 위해 그를 시험하셨습니다.

하나님이 결코 하지 않으시는 시험이 있습니다. 우리를 유혹하여 죄에 빠지게 하는 시험입니다. 우리가 이런 시험에 드는 원인은 두 가지입니다.

첫째, 나의 욕심 때문입니다. 성경은 "오직 각 사람이 시험을 받는 것은 자기 욕심에 끌려 미혹됨이니"(야고보서 1:14)라고 말합니다.

둘째, 하나님을 대적하는 마귀가 우리를 유혹하기 때문입니다. 성경은 마귀를 "미혹하는 영"(디모데전서 4:1)이라고 말합니다. 마귀는 끊임없이 우리가 걸려 넘어질 유혹의 덫을 놓습니다. 이 유혹에 우리의 욕심이 반응하면서 죄가 일어납니다.

우리는 유혹의 시험을 이겨 내는 싸움을 해야 합니다. 참 쉽지 않은 싸움입니다. 악마는 프라다를 입는다고 했던가요? 마귀의 미혹은 아주 매혹적이며 교묘하고 강력하게 사람을 뒤흔듭니다. 우리의 능력만으로는 도무지 이겨 낼 수 없습니다. 그러니 기도해야 합니다.

"하나님, 마귀의 유혹을 분별할 지혜를 주세요! 제 안의 욕심을 꺾어 주세요. 성령을 따라 살게 해주세요."

이것이 우리가 "시험에 들게 하지 마시옵고"라고 기도하는 이유입니다.

고대 중국에 화타라는 의사가 있었습니다. 그는 의술이 뛰어나기로 명성이 자자했습니다. 『삼국지』에서 독화살에 맞은 관우를 치료해 준 사람이 바로 화타입니다. 화타에게는 두 형이 있었습니다. 삼 형제 모두가 뛰어난 의사였습니다.

어느 날 황제가 화타에게 묻습니다.

"그대 삼 형제 중에서 가장 의술이 뛰어난 사람이 누구인가?"

화타가 대답합니다.

"큰 형님은 어떤 이가 아픔을 느끼기 전에 얼굴빛을 보고 그가 병에 걸릴 수 있음을 판단합니다. 형님은 병의 원인을 미리 제거합니다. 따라서 환자는 아프기 전에 병이 낫기 때문에 형님의 의술이 얼마나 뛰어난지 알지 못합니다."

"둘째 형님은 환자의 병세가 아주 미미한 상태에서 병을 찾아냅니다. 큰 병이 되기 전에 미리 치료하기 때문에 환자는 큰 병이 나았다고 생각지 못합니다."

"저는 환자의 병이 커지고 고통이 심해지고 나서야 비로소 알아봅니다. 그때 약을 지어 주고 수술을 하여 병을 고칩니다. 그러면 사람들은 제가 큰 병을 고쳤다고 생각하지요. 제가 형들보다 더 명의라고 소문이 난 이유입니다."

최고의 명의는 큰 병을 치료해 주는 사람이 아니라, 병에 걸리기 전에 예방해 주는 사람입니다. 병은 걸리기 전에 예방하는 것이 가장 좋습니다.

마찬가지로 죄는 짓고 나서 회개하는 것보다 애당초 짓지 않게 예방하는 것이 훨씬 중요합니다. 우리는 이 싸움을 해야 합니다.

우리는 가끔 큰 죄를 지었다가 회개하거나, 큰 병에 걸렸다가 나은 사람들의 간증을 듣습니다. 간증을 들으면서 '나도 극적인 체험을 하고 싶다'는 생각을 합니다. 이런 체험을 한 사람이 왠지 영적으로 더 우월한 것 같다는 생각도 합니다.

그런데 생각해 보세요. 그렇게 큰 죄를 짓고 예수님을 믿은 게 은혜라면, 큰 죄를 짓기도 전에 예수님을 믿은 것은 얼마나 큰 은혜일까요? 예수님을 믿고 큰 병이 나은 것이 은혜라면, 아예 큰 병 없이 사는 것은 또 얼마나 큰 은혜일까요?

이미 큰 죄를 지은 사람은 어쩔 수 없으니 이제라도 회개해야 하지만, 오늘 우리가 할 일은 되도록 죄를 짓지 않는 것입니다. 죄를 지었더라도 큰 죄가 되기 전에 차단하는 것입니다.

"우리 죄를 사하여 주시옵고"라는 간구가 이미 지은 죄에서 회복되기를 구하는 것이라면, "시험에 들게 하지 마시옵고"는 죄를 짓지 않게 해달라는 기도입니다. 시험은 우리가 유혹을 받고 있는 단계, 아직 죄에 완전히 빠지지는 않은 단계입니다.

죄를 짓고 나서 회복할 생각을 하면 안 됩니다. 죄를 짓기 전에 피해야 합니다.

그러므로 "시험에 들게 하지 마시옵고"라고 기도할 때, 우리는 죄의 불씨를 사전에 차단하겠다는 의지를 다지는 것입니다. 설혹 불씨가 커졌어도 최대한 초기에 진압하겠다는 다짐을 하는 것입니다.

우리는 죄에 빠지기 전에 구해야 합니다. 죄가 커지기 전에 구해야 합니다. 시험을 이길 능력을 말입니다.

죄를 예방하는 법

죄는 예방이 중요합니다. 시험에 들지 않기를 구하며 말씀을 따라 죄에 대비해야 합니다. 죄를 예방하려면 세 가지를 기억해야 합니다.

첫째, 죄에 대한 경각심을 잃지 말아야 합니다. 죄의 작은 불씨를 내버려 둬서는 안 됩니다. 꺼진 불도 다시 봐야 합니다. 죄의 불씨를 우습게 여기고 방치하면 죄는 순식간에 자라서 열매를 맺습니다.

드라마를 보면 이런 일이 있습니다.

이미 결혼한 남자가 있습니다. 그런데 어느 날, 아내가 아닌 다른 여자가 그 남자의 마음에 들어옵니다. 그럴 때 어리석은 사람은 이렇게 생각합니다.

'에이, 내가 저 여자하고 어떻게 해보겠다는 것도 아니고 그냥 마음으로 썸을 좀 즐기는 건데 뭐 어때.'

그러면 죄에 이미 빗장을 열어 준 것입니다. 한번 머리를 들이민 죄는 그냥 물러나는 법이 없습니다.

이제는 마음에만 품고 있지 않고 슬쩍슬쩍 친밀한 농담도 주고받으며 호감을 표현하기 시작합니다. 그러다가 단 둘이 밥을 먹거나 차를 마시기 시작합니다. 함께 산책을 하고 손을 잡습니다. 어느덧 둘은 깊은 관계로 들어갑니다.

왜 이렇게 되었을까요? 작은 죄의 불씨가 마음에 피어날 때 방심해서 그렇습니다. 죄의 불씨는 틈을 주면 어느새 살아나 큰불로 번집니다. 죄와 싸우는 첫 단계는 죄에 경각심을 갖는 것입니다. 죄를 감지하는 사이렌이 울려야 합니다. 감지 센서가 고장 나면 안 됩니다.

둘째, 죄가 자랄 수 있는 환경을 제거해야 합니다. 경기를 할 때 홈 경기냐 원정 경기냐를 중요하게 봅니다. 대체로 홈 경기는 유리하고, 원정 경기는 불리하다고 생각합니다. 환경

죄의 불씨를 내버려 둬서는 안 됩니다.
작은 죄의 불씨가 마음에 피어날 때
방심하면 안 됩니다. 죄의 불씨는 틈을 주면
어느새 살아나 큰불로 번집니다.

이 승패에 끼치는 영향이 크기 때문입니다.

죄와의 싸움도 마찬가지입니다. 의지만으로 이겨 낼 수 있는 것이 아닙니다. 할 수 있는 한 유리한 환경을 만들어야 합니다. 죄가 자랄 모든 환경을 갖추고 죄의 씨앗에 물을 주면서 죄가 자라지 않기를 바란다면 어리석은 일입니다.

음란물을 도저히 끊을 수 없다는 한 친구의 고민을 들었습니다. 도처에 음란물이 가득한 오늘날 같은 세상에서 참 쉬운 문제가 아닙니다. 그래도 포기하지 말고 싸워야 합니다. 첫 번째 단계는 음란물을 보게 되는 환경을 최대한 제거하는 것입니다.

언제 주로 음란물을 보게 되는지를 물었습니다. 주로 방에 혼자 있을 때라고 했습니다. 저는 일단 컴퓨터를 거실에 내놓으라고 말했습니다. 스마트폰도 집에 들어오면 거실에 충전해 두고 방으로 가지고 들어가지 않는 것이 좋습니다. 혼자 있는 시간을 최대한 줄이고, 숙제도 집이 아닌 학교나 도서관에서 하도록 노력해야 합니다.

얼마 지나지 않아 많이 이겨 나가고 있다는 메시지를 받았습니다. 참 감사한 일입니다.

셋째, 예수 그리스도를 항상 바라봐야 합니다. 선한 것을 늘 묵상해야 합니다.

앞서 했던 드라마 얘기로 돌아가 보겠습니다. 아내가 아닌 다른 여자가 마음에 들어온 남자는 괴로워합니다. 그는 유혹을 떨쳐 버리려고 합니다. 고개를 저으며 속으로 외칩니다.

'그 여자를 잊어야 해. 제발 잊자! 그 여자를 잊자!'

그러나 이렇게 해서는 승산이 없습니다. '그 여자를 잊자. 그 여자를 잊자' 하면서 계속 그 여자를 생각하는데 어떻게 잊을 수 있을까요? 우리의 마음은 많이 생각하는 쪽으로 점점 더 향하게 되어 있습니다.

싸움을 제대로 하려면 이렇게 해야 합니다.

'아내를 생각하자! 아내를 생각하자!'

이렇게 아내를 생각하는 시간을 늘려 가야 합니다. 그러면 마음이 아내에게로 향합니다. 아내의 사랑과 희생이 눈에 들어옵니다.

이처럼 죄의 유혹을 떨쳐 버리려 할 때는 죄를 묵상하지 말고, 하나님을, 예수님을 묵상해야 합니다. 성경 말씀을 곱씹어야 합니다. 성경은 이렇게 말합니다.

믿음의 주요 또 온전하게 하시는 이인

예수를 바라보자(히브리서 12:2).

'친구를 미워하지 말자,' '술 담배를 끊자,' '음란물을 보지 말자'라고 다짐만 할 게 아니라, 유혹이 찾아올 때마다 이렇게 생각하는 것입니다. '예수님을 바라보자!' 유혹이 찾아올 때뿐만 아니라 평소에도 늘 예수님을 묵상하면서 악에 틈을 내주지 말아야 합니다.

"시험에 들게 하지 마시옵고"는 시험을 계속 묵상하는 기도가 아닙니다. 시험을 능히 이기게 하시는 예수님을 묵상하는 기도입니다.

우리는 "시험에 들게 하지 마시옵고"라고 기도하면서 늘 죄에 대한 경각심을 갖기를, 죄의 유혹에 맞서기를, 오직 이기게 하시는 주님을 바라보기를 구하는 것입니다.

9. 다만 악에서 구하시옵소서

악을 대적할 때 기도는 응답받는다

우리의 싸움

"다만 악에서 구하시옵소서"에서 '악'은 마귀를 뜻하는 말이기도 합니다. 악은 그 뿌리가 있습니다. 마귀입니다. 사탄이라고도 합니다. 세상에는 마귀와 그의 수하인 악한 영들이 활동하고 있습니다. 마귀가 하는 일들은 이렇습니다.

첫째, 거짓된 말로 우리를 속이며 미혹하여 죄에 빠뜨립니다(요한복음 8:44, 고린도후서 2:11, 디모데전서 4:1, 요한계시록 12:9, 20:10). 심지어 하나님을 흉내 내기도 하고, 선한 천사로 가장하기도 합니다(데살로니가후서 2:9, 고린도후서 11:14).

둘째, 이 땅을 죄 가운데 묶어 두고 죄로 다스리며 죄 속에서 고통받게 합니다. 살인, 강도, 전쟁, 두려움, 불안, 공포 등 인간 사회의 모든 죄악과 고통의 감정이 여기서 일어납니다(에베소서 2:2, 히브리서 2:14, 로마서 1:28-32, 디모데후서 1:7).

셋째, 세상을 충동하여 하나님의 백성들을 핍박하고 괴롭힙니다(디모데후서 3:12, 요한계시록 12:13).

넷째, 우리 죄를 하나님께 고발하여 심판받게 합니다(요한계시록 12:10). 놀랍게도 마귀는 우리 죄를 끊임없이 하나님께 고발합니다. 마귀가 우리를 심판할 수는 없기 때문입니다. 마귀는 우리를 죄에 빠뜨리고는 하나님께 고발하여 우리가 심판받기를 고대합니다. 우리가 의로울지라도 무슨 트집이든 잡아 무너뜨리려고 합니다(욥기 1:9-11).

마귀가 이런 일을 하는 목적은 간단합니다. 어떻게 해서든 하나님과 우리의 관계를 깨트리고, 우리를 구원하시려는 하나님의 일을 훼방하는 것입니다. 이 모든 도전 속에서 우리는 마귀와 영적 전쟁을 치러야 합니다.

영적 전쟁은 세상에서 하는 그런 전쟁이 아닙니다. 세상의 전쟁은 증오와 적개심으로 서로를 죽이는 전쟁입니다. 반면에 영적 전쟁은 마귀의 도전 속에서 믿음을 지키고, 세상에 복음을 전하여 세상을 살리기 위한 전쟁입니다. 성경에 이렇게 기록되어 있습니다.

> 우리의 씨름은 혈과 육을 상대하는 것이 아니요
> 통치자들과 권세들과 이 어둠의 세상 주관자들과
> 하늘에 있는 악의 영들을 상대함이라(에베소서 6:12).

세상의 전쟁에서 이기기 위해 나라들은 힘을 기릅니다. 군대를 훈련하고 첨단 무기를 갖춥니다. 영적 전쟁에서 이기기 위해서도 훈련과 무기가 필요합니다. 어떤 훈련과 무기가 필요할까요? 에베소서 6장에 상세하게 나와 있습니다.

하나님의 전신 갑주를 입으라

> 끝으로 너희가 주 안에서와
> 그 힘의 능력으로 강건하여지고
> 마귀의 간계를 능히 대적하기 위하여
> 하나님의 전신 갑주를 입으라(에베소서 6:10-11).

말씀은 마귀를 대적하기 위해 하나님의 전신 갑주를 입으라고 합니다. 전신 갑주란 온몸을 무장하는 갑옷을 말합니다. 하나님의 백성들이 마귀에 대적하기 위해 갖추어야 할 완전 무장이 있다는 것입니다. 성경은 당시 최강의 군대였던 로마 병사에 빗대어 모두 여섯 가지 무장에 대해 말합니다.

> 그런즉 서서 진리로 너희 허리 띠를 띠고
> 의의 호심경을 붙이고
> 평안의 복음이 준비한 것으로 신을 신고
> 모든 것 위에 믿음의 방패를 가지고
> 이로써 능히 악한 자의 모든 불화살을 소멸하고
> 구원의 투구와 성령의 검
> 곧 하나님의 말씀을 가지라(에베소서 6:14-17).

첫째는 진리의 허리띠입니다. 허리띠는 갑옷을 고정하는 중심축입니다. 허리띠가 헐렁하거나 바르게 매여 있지 않으면 제대로 무장이 될 리 없습니다. 진리 되신 예수님을 향한 신실한 믿음으로 굳게 무장하는 것이 영적 무장의 중심입니다.

둘째는 의의 호심경입니다. 호심경은 가슴을 보호하는 갑옷입니다. 가장 넓은 부위를 막고 보호하는 역할을 합니다. 우리는 예수님의 십자가로 죄 사함을 받습니다. 죄인의 자리에서 벗어나 의롭게 됩니다. 이 의로움을 굳게 붙들고 의롭게 살려고 노력하는 것이 삶 전체를 사탄의 공격으로부터 보호하는 것입니다.

셋째는 평안의 복음으로 준비한 신발입니다. 신발은 병사가 행군할 때 반드시 갖추어야 하는 도구입니다. 병사는 행군하여 적군의 성을 점령합니다. 믿음의 병사가 신는 신발이란 무엇일까요? 바로 복음을 전하는 것입니다. 복음을 전하지 않으면 우리는 움직이는 힘을 잃어버립니다. 제대로 움직이지 못하는 병사가 전투에서 이길 리 없습니다. 우리는 복음을 전하여 사탄의 근거지를 격파하고 사람들을 구해 내야 합니다.

넷째는 믿음의 방패입니다. 믿음의 방패로 악한 자의 모든 불화살을 소멸한다고 합니다. 당시 로마 군대는 커다란 방패를 가지고 있었습니다. 방패로 대형을 만들고 전후좌우를 가린 채 적군을 향해 전진하는 로마 군대의 모습을 영화에서 보았는지 모르겠습니다. 그것은 로마 군대의 아주 강력한 전투 방식입니다. 적군이 화살을 쏴도 방패에 막혀 피해를 입히지 못합니다. 하나님이 함께하심을 믿는 굳건한 믿음이 우리의 방패입니다.

다섯째는 구원의 투구입니다. 투구는 머리를 보호하는 중요한 장비입니다. 우리가 사정상 딱 한 곳만 보호해야 한다면 어디를 보호해야 할까요? 바로 머리입니다. 공사장이나 공장에서 일하는 분들이 쓰는 것이 무엇입니까? 보호 헬멧입니다. 오토바이나 자전거를 탈 때도 헬멧을 씁니다. 다른 곳은 그냥 두어도 머리만큼은 보호합니다. 구원은 투구입니다. 예수님이

우리는 철저하게 하나님 안에서 무장되기 위해 힘써야 합니다. 무엇보다 이 일을 위해 하나님 앞에서 늘 기도해야 합니다.

십자가로 이루신 구원은 우리에게 최후의 보루입니다. 우리의 영적 생명을 보호해 주는 가장 핵심적인 고백입니다.

여섯째는 성령의 검입니다. 여기서 유일한 공격용 무기가 등장합니다. 성령의 검은 무엇일까요? '성령의 역사' 하면 우리는 뭔가 신비로운 능력 같은 것을 생각합니다. 병을 고친다거나 귀신을 쫓아낸다거나 방언을 하는 것 말입니다. 물론 그러한 일도 성령님이 하시는 일입니다. 그러나 하나님이 우리에게 주시는 성령의 검은 그러한 능력이 아닙니다.

성경은 "하나님의 말씀"이 곧 성령의 검이라고 말합니다. 성령님이 하시는 가장 위대한 일은 우리가 말씀을 깨달아 예수님을 믿게 하는 것입니다. 또한 말씀을 깨달아 하나님의 뜻대로 살게 하는 것입니다. 누구든지 성령이 아니면 하나님의 모든 말씀을 온전히 깨닫고 믿을 수 없습니다(로마서 8:9-17, 베드로후서 1:20-21). 우리는 성령의 검인 하나님의 말씀으로 죄에 맞서야 합니다. 나의 계획과 생각대로 싸워서는 결코 영적인 싸움에서 승리할 수 없습니다. 말씀 위에 굳게 서서 말씀이 가르치는 대로 행해야 합니다.

우리는 철저하게 하나님 안에서 무장되기 위해 힘써야 합니다. 무엇보다 이 일을 위해 하나님 앞에서 늘 기도해야 합니다. 그래서 하나님의 전신 갑주로 무장하라는 말씀의 결론은 "기도하라"입니다.

> 모든 기도와 간구를 하되
> 항상 성령 안에서 기도하고
> 이를 위하여 깨어 구하기를 항상 힘쓰며

- **진리의 허리띠**
- **의의 호심경**
- **평안의 신발**
- **믿음의 방패**
- **구원의 투구**
- **성령의 검**

여러 성도를 위하여 구하라(에베소서 6:18).

"다만 악에서 구하시옵소서"는 바로 이 기도입니다. 마귀의 계략을 격파하고 승리할 수 있도록 구하는 것입니다.

10. 나라와 권세와 영광이 아버지께 영원히 있사옵나이다 아멘

하나님이 반드시 이루심을 믿을 때 기도는 응답받는다

이루시는 능력이 있는 하나님

부모가 자녀를 아무리 사랑하고 꼭 필요한 것을 해주고 싶어도 해줄 능력이 없는 경우가 있습니다. 부모가 능력이 있어도 옳고 그름을 판단하지 못해 그릇된 일을 한다면 능력은 오히려 해가 됩니다.

우리가 하나님께 기도하며 그분의 응답을 신뢰할 수 있는 이유가 여기에 있습니다. 하나님은 우리의 올바른 간구를 모두 들어주실 능력이 있습니다. 하나님은 언제나 의롭고 성실

하며 신실하십니다. 그래서 우리는 "나라와 권세와 영광이 아버지께 영원히 있사옵나이다"라고 고백합니다.

여기서 '나라'는 하나님 나라를 말합니다. 하나님은 이 땅 가운데 하나님 나라를 반드시 완성시키실 것입니다. 약속대로 예수님은 다시 오실 것입니다. 하나님 나라가 이 땅에 온전히 임할 것입니다. 우리는 하나님이 이 약속을 반드시 지키시는 분임을 고백합니다.

> 이것들을 증언하신 이가 이르시되
> 내가 진실로 속히 오리라 하시거늘
> 아멘 주 예수여 오시옵소서(요한계시록 22:20).

여기서 '권세'는 온 세상을 다스리시는 '하나님의 권세'를 말합니다. 하나님은 온 세상을 창조하셨고 그 뜻대로 다스리십니다. 온 세상을 창조하고 다스리는 권세가 있는 분이 이 세상에서 못하실 일이 어디 있을까요?

> 주께서는 못 하실 일이 없사오며
> 무슨 계획이든지 못 이루실 것이

없는 줄 아오니(욥기 42:2).

하나님은 영원히 '영광'을 받으시는 분입니다. 영광스럽다는 것은 칭송하기에 합당하다는 의미입니다. 우리는 죄인더러 영광스럽다고 하지 않습니다. 실수를 영광스럽다고 하지 않습니다. 영광은 올바른 일을 이룰 때 얻는 것입니다. 하나님은 영원히 영광스러우십니다. 언제나 옳으시고, 언제나 합당하십니다.

할렐루야 여호와께 감사하라
그는 선하시며
그 인자하심이 영원함이로다(시편 106:1).

우리는 이 사실을 믿음으로 고백합니다. 이 사실을 믿기에 하나님께 기도할 수 있습니다. 모든 것은 하나님에게서 와서 하나님의 다스리심을 받고, 하나님에게로 돌아갑니다. 하나님은 모든 것의 시작이자 끝이 되십니다. 아멘!

이는 만물이 주에게서 나오고

주로 말미암고

주에게로 돌아감이라

그에게 영광이 세세에 있을지어다

아멘(로마서 11:36).

아멘, 진실로

우리는 기도를 마치고 "아멘"이라고 합니다. 아멘은 신약성경의 언어인 고대 헬라어, 즉 그리스어입니다. 그 뜻은 '진실로'입니다. "아멘" 하는 것은 "진실로 믿습니다", "진실로 이루어질 것입니다"라는 고백입니다. 기도를 하면서도 진실로 하나님이 들으심을 확신하지 못한다는 것은 참 불행한 일입니다.

어느 교회 옆에 술집이 생겼습니다. 교회를 오고갈 때마다 저녁이고 새벽이고 술 취한 사람들이 시끌벅적하니 성도들이 얼마나 힘들었을까요?

목사님과 성도들은 모일 때마다 제발 술집이 문을 닫게 해달라고 기도했습니다. 이사 가게 해달라고 적당히 기도해도 좋을 것 같은데, 아예 문을 닫게 해달라고 기도한 것입니다.

결국 술집은 망해서 문을 닫고 말았습니다. 술집 주인은 씩씩거리며 고소를 했습니다. 옆 교회가 기도해서 술집이 망했으니 손해 배상을 하라는 내용이었습니다.

판사가 술집 주인과 목사님을 불렀습니다. 그리고 술집 주인에게 묻습니다.

"망하라고 이 교회가 기도한 것이 맞습니까?"

"네, 망하라고 분명히 이 교회가 기도했습니다. 그 바람에 제가 망했습니다."

그러자 목사님이 끼어듭니다.

"에이, 판사님, 기도한다고 술집이 망합니까?"

'믿음 좋은' 술집 주인과 '믿음 없는' 목사님이라는 우스꽝스러운 이야기입니다. 물론 지어낸 이야기일 것입니다.

그런데 실제로 이런 일이 있기는 합니다. 기도를 하면서도 기도 응답을 받을 것이라는 믿음이 없는 일 말입니다. 기도를 하면서도 하나님이 듣고 계신다는 확신이 없는 것입니다.

이렇게 기도해도 때로는 하나님이 응답하십니다. 기도하는 내용 자체가 하나님 뜻에 합한 경우입니다. 그러면 응답을 받고서도 놀랍니다. '아니, 진짜 응답받다니!' 얼마나 우스운 일인가요?

공부를 안 하는데, 효과적인 공부 방법을 얘기해 봐야 아무 소용이 없습니다. 마찬가지로 기도를 배우는 것보다 중요한 건 일단 기도를 하는 것입니다.

우리는 기도할 때 하나님이 우리의 기도를 반드시 들으신다는 믿음을 가지고 해야 합니다. 어떠한 형태로든 하나님의 선한 방법대로 응답하신다는 믿음이 있어야 합니다.

"아멘!"

진실로, 정말로 그렇게 될 줄 믿습니다. 하나님의 뜻에 맞는 기도를 드릴 때 기도가 반드시 이루어지는 것을 믿습니다.

믿는다면 지금 기도하라

공부법 전문가가 이렇게 얘기하는 것을 들었습니다.

"학생들의 공부 방법에서 가장 큰 문제점은, 공부를 안 한

공부 잘하는
법 어디 없나

다는 것입니다."

공부를 안 하는데, 효과적인 공부 방법을 얘기해 봐야 아무 소용이 없다는 말입니다.

공부를 했는데도 성적이 오르지 않는 학생들이 들으면 좀 억울할 수도 있습니다. 그러나 사실 학생들이 공부 고민은 많이 하면서도 정작 공부 자체는 하지 않는 경우가 많습니다.

기도도 마찬가지입니다. 기도를 배우는 것은 매우 중요합니다. 그보다 더 중요한 것은 일단 기도를 하는 것입니다.

수영 강사에게 학생이 묻습니다.

"어떻게 해야 수영을 잘할 수 있나요?"

강사가 대답합니다.

"일단 물에 들어가세요. 그리고 수영을 하세요."

물 밖에서 아무리 이론을 배우고, 선수들의 멋진 수영 자세를 연구해도 직접 물에 들어가서 수영을 하지 않으면 수영을 익힐 수 없습니다.

가장 시급한 일은 일단 기도를 하는 것입니다. 정말 하나님을 믿는다면, 하나님이 일하심을 '아멘'으로 믿는다면, 지금 기도해야 합니다.

기도에 관한 유명한 말이 있습니다.

"사람이 일하면 사람이 일할 뿐이지만, 사람이 기도하면 하나님이 일하신다."

하나님의 일하심을 믿는 사람은 지금 기도해야 합니다. 기도할 때 하나님의 일이 시작됩니다. 지금 당장 시작합시다!

★☆★

의미를 따라 풀어서 써 보는 주기도문

세상보다 크신 아버지 하나님,

아버지의 이름을 늘 높이기 원합니다.

저의 삶을 통해, 온 세상을 통해 영광받으옵소서.

아버지의 나라가 이 땅 가운데 임하기를 원합니다.

저의 삶이 온전히 하나님의 다스리심을 받고,

온 세상에 하나님의 복음이 증거되기를 원합니다.

그리하여 모든 사람이

하나님의 살아 계심과 다스리심을 인정하게 하옵소서.

하나님의 모든 계획이 이 땅에 이루어지는 줄 믿습니다.

온 땅을 주의 계획대로 이끄시고,

제가 주의 뜻과 계획 아래서 순종하며 살게 하옵소서.

오늘의 양식으로 만족하게 하시고,

오늘의 양식을 고민하는 이웃과 나누게 하시고,

내일 일에 대한 염려를 버리며,

매일매일 하나님의 은혜만을 구하게 하옵소서.

원수를 갚지 않고 용서하게 하시고,

악을 행하는 이들을 불쌍히 여겨 주옵소서.

또한 저의 죄악을 용서해 주옵소서.

죄의 유혹을 이기게 하시고,

악한 마귀를 대적하여 능히 이기게 하옵소서.

모든 일을 행할 능력이 있으시며,

다스리시며,

영광받기에 합당하신 주님이,

이 모든 기도에 응답하시는 줄 믿습니다.

진심으로 믿습니다.

아멘.

11. 기도의 능력을 더하는 기도 습관

좋은 습관이 기도를 더욱 풍성하게 한다

기도는 습관이 중요하다

이런 말을 가끔 듣습니다.

"습관적으로 기도하지 마세요."

맞는 말입니다. 우리는 때로 진심 없이 습관적으로 기도합니다. 식사 때 습관적으로 눈만 감았다가 뜰 때도 있습니다. 감사하는 마음이 전혀 없이 그냥 습관적으로요. 주기도문을 외울 때도 습관적으로 외울 때가 있습니다. 뜻을 전혀 생각하지 않고 주문 외우듯이 주르륵 외웁니다.

이러한 습관적인 기도는 옳지 않습니다. 한 번을 해도, 짧게 해도 진심이 담긴 기도를 해야 합니다.

반대로, 기도하는 습관을 들이는 것이 중요하다는 말도 듣습니다. 여기서 말하는 습관이란, 기도 내용을 진심 없이 습관적으로 반복하는 것과는 다릅니다. 기도의 자리로 나아가는 습관을 말합니다. 이러한 습관은 굉장히 중요합니다.

기도의 자리로 나아가는 습관을 들이면 이렇게 됩니다.

너무 피곤한 날입니다. 평소에 기도하던 사람도 기도를 잊고 잠이 들 만한 날입니다. 그러나 기도하는 습관이 밴 사람은 잠자리에 들려는 순간 자기도 모르게 무릎부터 꿇습니다. 무릎이 먼저 움직입니다. 머리는 아직 따라오기 전입니다. 습관적으로 무릎을 꿇고 나서야 머리가 생각합니다.

'어? 왜 무릎을 꿇었지? 아, 맞다. 기도하고 자야지.'

식사 기도도 마찬가지입니다. 꼭 밥 한 술을 입에 넣어야 기도 생각이 나는 사람이 있습니다. 밥상 앞에 앉으면 눈부터 감는 습관이 들어야 잊지 않고 기도할 수 있습니다.

이런 의미에서 기도는 몸에 배야 합니다. 습관이 되어야 잊지 않습니다. 더 많이 기도합니다. 기도하는 좋은 습관을 들일 때 기도가 더욱 풍성해집니다.

기도의 습관은 예수님이 친히 보여 주셨습니다. 이제부터 예수님의 기도 습관을 살펴보려고 합니다. 예수님의 기도 습관을 따라 더 풍성한 은혜를 누려 봅시다.

정기적으로 기도하라

시간을 정해서 정기적으로 기도해야 합니다. 이것이 좋은 기도 습관의 첫 번째 단계입니다.

이런 말을 하는 사람이 있습니다.

"기도, 해야지요. 그런데 너무 바빠요. 너무 바빠서 시간을 정해 놓고 기도하기가 힘들어요."

미국에 빌 하이벨스라는 목사님이 이런 제목의 책을 썼습니다.

"너무 바빠서 기도합니다."

너무 바빠서 정신이 없는데, 기도를 안 하면 어떻게 하나님 앞에서 정신을 차리고 살 수 있을까요? 바쁜 일들을 감당하려면 큰 지혜가 필요한데, 어떻게 하나님께 지혜를 구하지 않을 수 있을까요? 바빠서 기도할 수 없는 게 아니라, 바쁠수록 기도해야 그 일들을 온전히 감당할 수 있습니다.

예수님도 제자들을 데리고 사역하시는 3년 동안 정말로 바쁘셨습니다. 예수님이 병을 고치고 기적을 베푸시자 도움이 필요한 사람들이 몰려왔습니다. 예수님의 말씀에 감동받은 사람들이 말씀을 더 듣기 위해 몰려왔습니다. 그런데도 예수님은 정기적으로 기도하는 일을 쉬지 않으셨습니다. 오히려 더욱 열심히 기도하셨습니다.

> 예수께서 나가사 습관을 따라 감람산에 가시매
> 제자들도 따라갔더니
> 그곳에 이르러 그들에게 이르시되
> 유혹에 빠지지 않게 기도하라 하시고
> 그들을 떠나 돌 던질 만큼 가서
> 무릎을 꿇고 기도하여(누가복음 22:39-41).

예수님이 습관을 따라 기도하셨다고 성경은 말합니다. 늘 기도하시는 습관이 있었다는 것입니다. 예수님은 정한 장소와 정한 시간에 깊이 기도하셨습니다.

> 새벽 아직도 밝기 전에 예수께서 일어나 나가

한적한 곳으로 가사 거기서 기도하시더니(마가복음 1:35).

어떤 사람은 이렇게 말합니다.

"하나님과 늘 동행하는 게 기도 아닌가요?"

"기도 시간을 따로 정해 놓지는 않아요. 틈틈이 짧게 기도해요."

물론 하나님과 늘 동행하는 마음을 갖는 것, 틈틈이 기도하는 것도 중요합니다. 그런데 예수님이 평소에 하나님과 동행을 안 해서, 틈틈이 기도를 안 해서 따로 시간을 떼어 기도하신 것은 아닙니다.

누구보다 하나님과 친밀한 예수님이 따로 시간을 떼어 기도를 하셨습니다. 그렇다면 우리는 얼마나 더 그래야 할까요?

예수님은 왜 한적한 시간과 장소를 찾아서 기도하셨을까요? 하나님께만 집중하기 위해서입니다. 우리는 하나님께만 집중하는 시간과 장소가 필요합니다. 나와 하나님만의 장소와 시간을 만들어 보세요. 그곳에서 은밀히 하나님께 기도하는 기쁨을 누려 보시기 바랍니다.

예수님은 왜 한적한 시간과 장소를 찾아서 기도하셨을까요? 하나님께만 집중하기 위해서입니다. 우리는 하나님께만 집중하는 시간과 장소가 필요합니다.

필요할 때는 즉각 기도해야 합니다. 간절하게 기도하고 싶을 때, 지금 꼭 기도해야 할 때, 정해진 시간을 기다릴 필요는 없습니다. 예수님은 정한 시간에 늘 기도하셨지만, 필요할 때는 즉각 기도하셨습니다.

> 예수의 소문이 더욱 퍼지매
> 수많은 무리가 말씀도 듣고
> 자기 병도 고침을 받고자 하여 모여 오되
> 예수는 물러가사 한적한 곳에서
> 기도하시니라(누가복음 5:15-16).

예수님은 아무리 바빠도 필요를 느끼실 때, 그 자리를 피해 바로 기도하러 가셨습니다.

우리가 사정상 자리를 피할 수 없는 경우가 있습니다. 수업 시간에 느닷없이 기도하겠다고 나갈 수는 없지요. 그러나 즉각 짧게라도 기도할 수는 있습니다.

생각날 때 즉각 하는 기도는 많은 유익이 있습니다.

첫째, 기도 제목을 잊지 않습니다. 기도할 일이나 기도해 줄 사람이 생각났는데 '나중에 해야지' 하고 미루면 대부분 잊고 맙니다. 반면에 생각날 때 바로 하면 잊지 않고 기도할 수 있습니다. 기도하려고 눈을 감는 중에 잊어버리는 사람은 없을 테니까요. 이렇게 기도를 하고 나면 나중에도 기억이 나서 한 번 더 기도할 가능성이 높습니다.

둘째, 거짓말을 하지 않습니다. 많은 사람들이 습관적으로 이런 약속을 합니다. "그래, 너를 위해 기도할게." 그러고 나선 기도하기로 약속한 사실을 잊어버립니다. 본의 아니게 거짓말을 한 꼴이 되고 맙니다. 저는 기도 부탁을 받거나 기도하겠다고 약속을 하면 일단 그 자리에서 기도를 합니다. 바로 약속을 지키는 셈입니다. 앞서 말했듯이 한 번 기도한 내용은 나중에 가서도 기억이 잘 납니다. 그러면 또 기도할 수 있게 됩니다.

셋째, 간절하게 기도합니다. 기도해야겠다는 생각이 들 때 바로 하는 기도는 간절합니다. 하고 싶을 때 10분 동안 집중해서 하는 일이, 하기 싫을 때 딴 생각하며 한 시간 동안 하는 일보다 나을 때가 많습니다. 30초든 1분이든 간절한 마음이 들 때 바로 하는 기도는 힘이 있습니다. 집중과 진심이 배어 나기 때문입니다.

기도를 '나중에 해야지' 하고 미루면
대부분 잊고 맙니다. 반면에 생각날 때
바로 하면 잊지 않고 기도할 수 있습니다.

중요한 순간에 집중적으로 기도하라

정기적인 기도, 즉각적인 기도 외에 집중적인 기도가 필요할 때가 있습니다. 예수님은 중요한 일을 앞두고 집중적으로 기도하셨습니다. 예수님은 제자들을 선택하는 중요한 순간에 밤이 새도록 기도하셨습니다.

> 이때에 예수께서 기도하시러 산으로 가사
> 밤이 새도록 하나님께 기도하시고 밝으매
> 그 제자들을 부르사 그중에서 열둘을 택하여
> 사도라 칭하셨으니(누가복음 6:12-13).

우리도 중요한 결정이나 일을 앞두고는 집중적으로 기도할 필요가 있습니다. 중요한 순간에 집중하여 오랜 시간 하는 기도는 말로 다 할 수 없는 은혜가 있습니다.

보통 우리의 기도 생활에서 가장 큰 문제는, 기도를 잘 안 한다는 것입니다. 그 다음 문제는, 한다 해도 너무 짧게 한다는 것입니다. 짧게 하는 기도와 길게 집중적으로 하는 기도는 분명한 차이가 있습니다. 기도를 해본 사람만이 그 차이를 압니다.

제가 대학교 1학년 때 처음으로 밤을 새워 기도를 해봤습니다. 어떤 중요한 일이 있었던 건 아닙니다. 대학교 때 늘 함께 다니던 네 친구가 있었습니다. 그날도 평소처럼 학교 끝나고 친구들과 밥 먹고 떠들며 놀고 있었습니다. 한데 갑자기 한 친구가 기도원에 가자는 겁니다. 평소 같으면 "야, 너 미쳤냐?" 했을 겁니다. 그런데 그날 따라 친구들 모두 "한번 가볼까?" 이렇게 되었습니다.

지금은 없어졌지만, 서울 강북 쪽에 가까운 기도원이 있어 그리로 갔습니다. 방에서 기도를 시작했는데, 기도를 하다 보니 마음이 뜨거워졌습니다. 그래서 친구들과 기도원 건물 뒤로 나 있는 산에 올라가기로 했습니다.

요즘 친구들은 잘 모르겠지만, 예전에는 "소나무 뿌리 뽑는다"라는 말이 있었습니다. 산에 올라가서 간절히 기도하는 것을 말합니다. 나무를 잡고 뿌리가 뽑힐 만큼 간절히 오래 힘써서 기도를 한다는 뜻입니다. 목사가 되려면 소나무 뿌리 몇 개는 뽑아야 된다는 말도 있었습니다.

어쨌든 친구들과 산으로 올라갔습니다. 바위 위에 자리를 잡고 간절히 기도하기 시작했지요. 얼마나 간절했던지 시간이 얼마나 지났는지도 모르게 기도했습니다. 그렇게 한참을 기도하는데 동이 터 왔습니다. 밤새 기도를 한 것입니다.

어떤 중요한 문제를 위해서 기도를 시작한 것은 아니었습니다. 그런데 놀랍게도 그날 직후에 제가 수년간 고민해 오던 문제가 해결되었습니다. 진짜 큰 은혜는 문제가 해결된 데 있지 않았습니다. 오랜 시간, 깊은 기도를 통해 하나님과 친밀하게 교제하고 대화하는 기쁨을 알게 된 것이 진짜 큰 은혜였습니다.

사실 저는 그날 밤 이미 기도하는 가운데 하나님의 응답을 경험했습니다. 진짜 기도 응답은 하나님이 어떤 문제를 해결해 주시거나, 어떤 결과를 보여 주시는 것이 아닙니다. 기도를 통해 하나님이 내 기도를 듣고 계신다는 온전한 확신, 하나님의 깊은 만지심과 함께하심을 경험하는 것이 진짜 기도 응답입니다. 문제가 해결되든 되지 않든 큰 평안과 믿음의 담대함을 얻는 것입니다.

하나님이 문제를 해결해 주신 것은 아마도 제게 주신 보너스 같았습니다. 첫 번째 밤샘 기도의 선물 같은 것이라고 생각했습니다.

그 뒤로도 중요한 문제를 앞두거나, 연말연시에 정기적으로 집중하여 기도하는 시간을 갖습니다. 집중적인 기도 시간은 어김없이 제게 영적인 풍성함을 더해 줍니다.

우리는 집중하여 기도하는 시간이 필요합니다. 몇 시간이고 하나님을 붙드는 시간이 필요합니다.

나가는 글

기도 그 이후

주기도문은 예수님이 가르쳐 주신 기도입니다. 거기에는 기도의 내용이 담겨 있습니다. 잘 살펴보면, 주기도문은 우리의 삶에서 많은 순종을 요구합니다. 그렇습니다. 참된 기도는 무릎을 꿇는 데서 시작하여 삶으로 완성됩니다.

우루과이 어느 작은 예배당 벽에 기록되어 있다고 전해지는 글입니다.

> "하늘에 계신"이라고 하지 마라.
>
> 세상일에만 빠져 있으면서.

"우리" 아버지라고 하지 마라.

너 혼자만 생각하고 살아가면서.

"아버지"라고 하지 마라.

하나님의 아들딸로 살지 않으면서.

"아버지 이름이 거룩히 여김을 받으시오며"라고 하지 마라.

자기 이름을 빛내기 위해 안간힘을 쓰면서.

"아버지 나라가 임하시오며"라고 하지 마라.

물질 만능의 나라가 임하기를 바라면서.

"아버지의 뜻이 하늘에서 이루어진 것같이 땅에서도 이루어지이다"라고 하지 마라.

네 뜻대로 되기만을 기도하면서.

"오늘 우리에게 일용할 양식을 주시옵고"라고 하지 마라.

가난한 이들을 본체만체하면서.

"우리에게 죄 지은 자를 사하여 준 것같이 우리 죄를 사하여 주시옵고"라고 하지 마라.
죄 지을 기회만 찾아다니면서.

"다만 악에서 구하시옵소서"라고 하지 마라.
악을 보고도 아무런 양심의 소리를 듣지 않으면서.

"아멘"이라고 하지 마라.
주님의 기도를 진정 자신의 기도로 바치지 않으면서.

주님을 향한 참된 간구는 우리의 '삶'으로 완성됩니다. 정말 그렇게 원하는 사람은 정말 그렇게 삽니다. 우리의 기도가 얼마나 간절한가는 우리가 얼마나 많은 눈물을 쏟았느냐, 얼마나 마음이 감동되었느냐로 결정되지 않습니다.

기도대로 살려는 몸부림의 크기가 바로 우리가 지닌 간절함의 크기입니다. 기도는 시작이지 끝이 아닙니다. 기도하고 기도대로 살려고 몸부림칠 때 우리의 기도는 비로소 능력의 기도가 됩니다. 이것이 우리에게 반드시 필요한 '삶의 기도'입니다.

무릎 꿇고 하나님 앞에서 간절히 기도합시다.

일어나 삶 속에서 기도한 대로 행함으로써 간절하게 기도합시다.

하나님은 기도에 응답하시며, 그분의 일을 이루실 것입니다. 진실로. 아멘.

기도가 하고 싶어지는 책

초판 1쇄 인쇄 2018년 11월 22일
초판 1쇄 발행 2018년 12월 5일

지은이 이재욱
그린이 지정남
펴낸이 신은철
펴낸곳 좋은씨앗
출판등록 제4-385호(1999. 12. 21)
주소 서울시 서초구 바우뫼로 156, 402호
영업부 TEL 02-2057-3041 FAX 02-2057-3042
이메일 good-seed21@daum.net
홈페이지 www.gsbooks.org
페이스북 facebook.com/goodseedbook

ISBN 978-89-5874-310-1 03230